2.-4. Schuljahr

Gabriela Rosenwald

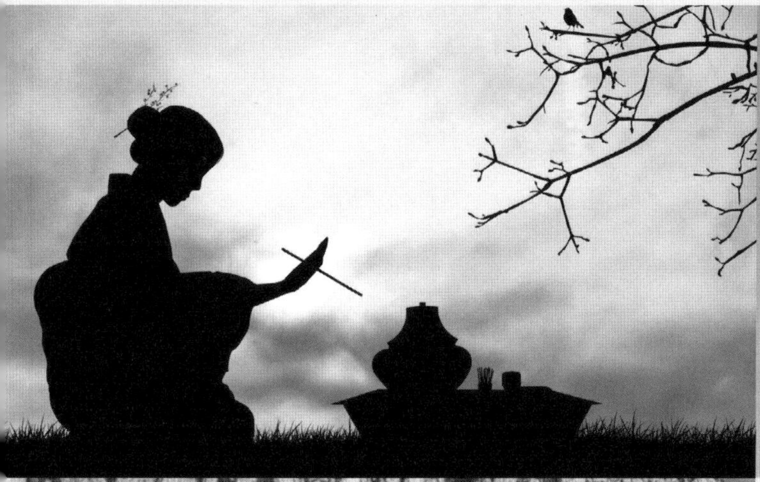

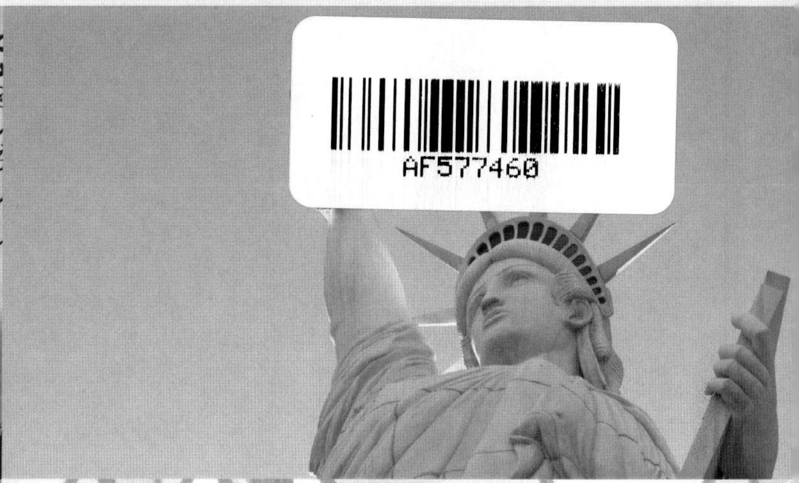

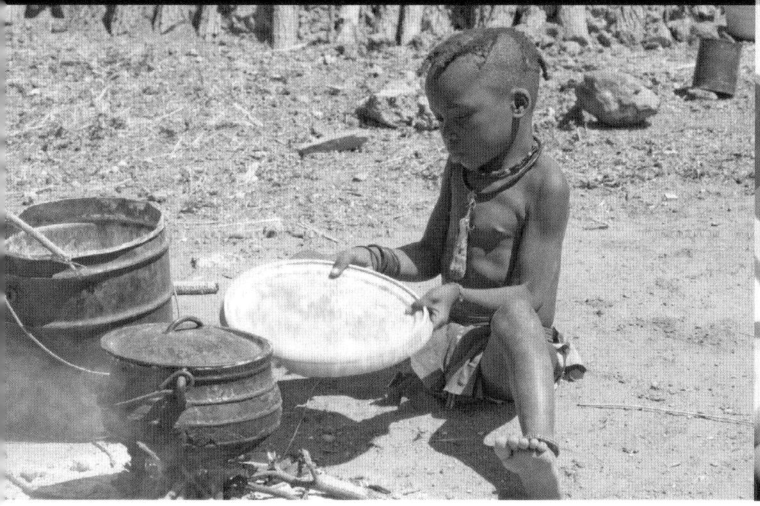

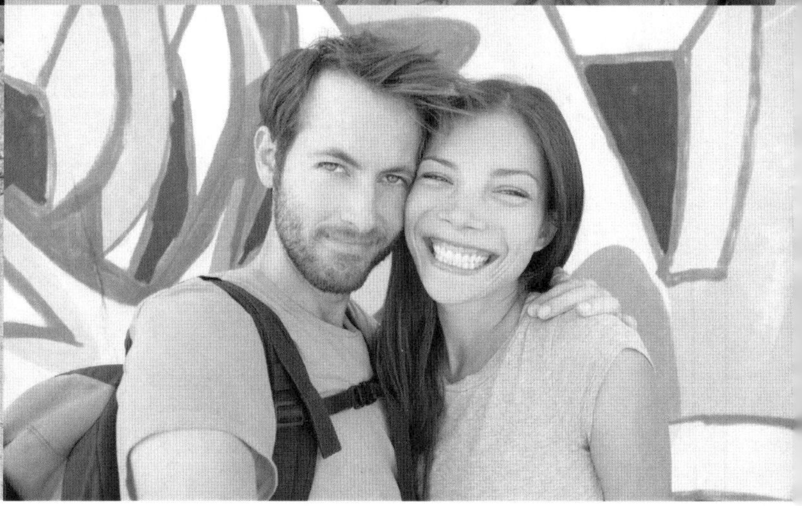

# Lernwerkstatt

# Viele Kulturen – nur eine Welt

**Zusammenhalt stärken, Vielfalt fächerübergreifend vermitteln**

www.kohlverlag.de

# Lernwerkstatt „Viele Kulturen – nur eine Welt“

## Zusammenhalt stärken, Vielfalt fächerübergreifend vermitteln

4. Auflage 2024



Inhalt: Gabriela Rosenwald
Umschlagbild: © ThorstenSchmitt, erichon, Maridav, adrenalinapura - fotolia.com
Redaktion: Kohl-Verlag
Grafik & Satz: Kohl-Verlag
Druck: Druckerei Flock, Köln

**Bestell-Nr. 11 631**

**ISBN: 978-3-95686-605-0**

# Inhalt

# Vorwort

Liebe Kolleginnen und Kollegen,

große Kulturen vor vielen tausend Jahren prägten die Entwicklung der Menschheit. Ägypter, Römer, Griechen, nicht zu vergessen die Chinesen, haben neben anderen Anteil an den Fortschritten, die der Mensch seit seiner Existenz gemacht hat. Dabei geht es nicht nur um sachliche, materielle, sondern auch um die geistige, kulturelle Entwicklung.

In unserer globalen Welt heute ist von jeder Kultur ein wenig vorhanden, und es ist interessant, wo die Wurzeln der Dinge liegen.

Kinder nehmen Unterschiede zwischen der eigenen und anderen Kulturen erst wahr, wenn sie anderes Verhalten, andere Sitten und Bräuche kennen lernen. Die Schule ist ein passender Ort, um ihnen fremde Lebensweisen näherzubringen. In vielen Klassen findet man heute Schüler mit unterschiedlichen kulturellen Hintergründen. Sie als Lehrer/in können das nutzen, um Interesse und Verständnis zu wecken. Diese Bemühungen führen oft zu einer harmonischeren Klassengemeinschaft. Auch die Eltern der „fremden“ Kinder können in das interkulturelle Lernen einbezogen werden. Sie können die eigene Kultur den Mitschülern ihrer Kinder nahe bringen, indem sie beispielsweise Speisen, Musik, Kleidung und vieles andere aus ihrer Heimat präsentieren.

Im Religionsunterricht können die Weltreligionen vorgestellt werden. Besuche in einer Moschee oder Synagoge gestalten das Thema interessant.

Im Sachkunde-, Geschichts- und Erdkundeunterricht können Schüler die verschiedenen Kulturen dann wieder von einer anderen Seite betrachten: wie war es früher, wo sind diese Kulturen heute zu Hause? Ohne ein wenig Erdkunde und Geschichte geht es nicht.

Ganz wichtig ist es, den Kindern zu vermitteln, welche negativen Folgen Vorurteile und Fremdenfeindlichkeit haben. An dieser Stelle eignen sich Rollenspiele dafür, Kindern zu zeigen, wie sie sich selbst in einer Situation fühlen, in der sie als Fremde und „Andere“ behandelt werden.

Viel Freude und Erfolg beim Einsatz der vorliegenden Kopiervorlagen wünschen Ihnen der Kohl-Verlag und

*Gabriela Rosenwald*

---

Bedeutung der Symbole:

**Einzelarbeit**

**Partnerarbeit**

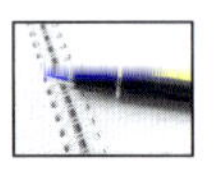

**Schreibe ins Heft/ in deinen Ordner**

**Arbeiten mit der ganzen Gruppe**

**Arbeiten in kleinen Gruppen**

# Arbeitspass

**Name:** ______________________________ **Klasse:** __________

| Seite | Thema | begonnen | beendet |
|---|---|---|---|
| | | | |
| | | | |
| | | | |
| | | | |
| | | | |
| | | | |
| | | | |
| | | | |
| | | | |
| | | | |
| | | | |
| | | | |
| | | | |
| | | | |
| | | | |
| | | | |
| | | | |
| | | | |
| | | | |
| | | | |
| | | | |
| | | | |
| | | | |
| | | | |
| | | | |
| | | | |
| | | | |
| | | | |
| | | | |

KOHL VERLAG
Lernwerkstatt Viele Kulturen – nur eine Welt
Zusammenhalt stärken, Vielfalt vermitteln – Bestell-Nr. 11 631

# I. Kultur – was ist das eigentlich?

**Aufgabe 1:** a) *Was ist eine Kultur? Was versteht ihr darunter? Setzt das Puzzle zusammen und notiert die Begriffe.*

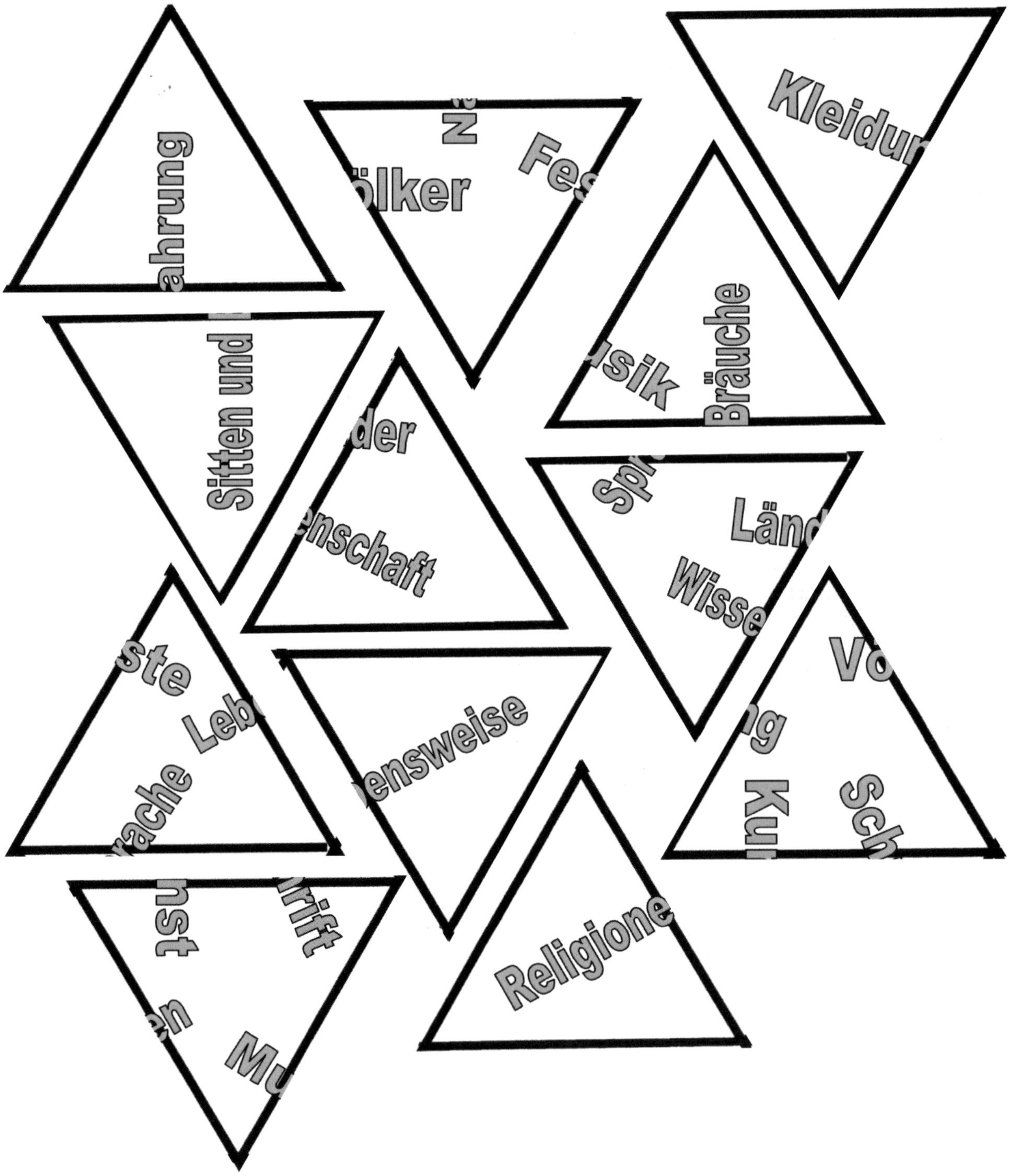

ahrung

Nä | ölker | Fes

Kleidun

usik | Bräuche

Sitten und

der | enschaft

Spr | Länd | Wisse

ste | Lebe | rache

ensweise

Vö | ng | Ku | Sch

nst | rift | en | Mu

Religione

b) *Anschließend könnt ihr mit der ganzen Klasse eure Ergebnisse an der Tafel in einen Cluster schreiben. Notiert zu jedem Thema das Wichtigste! Was versteht ihr zum Beispiel unter Wissenschaft, Lebensweise usw.?*

Lernwerkstatt Viele Kulturen – nur eine Welt
Zusammenhalt stärken, Vielfalt vermitteln – Bestell-Nr. 11 631

# II. Entstehung der Menschheit

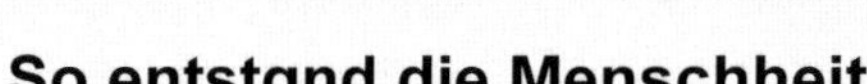

## So entstand die Menschheit

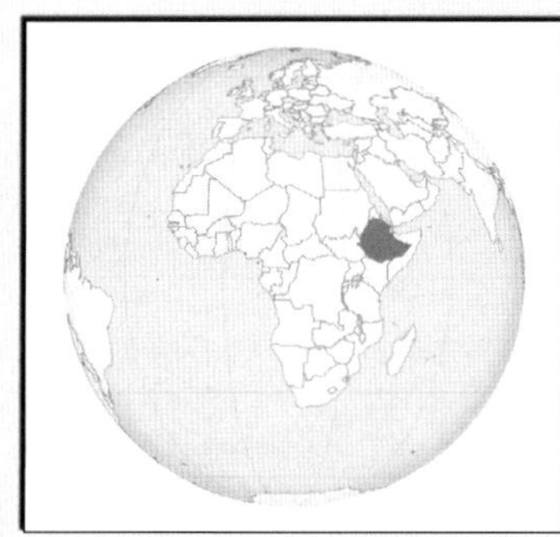

Man ist sich mittlerweile sicher, dass die ersten Menschen in Ostafrika, genauer im heutigen Äthiopien, gelebt haben. Wissenschaftler fanden dort die ältesten Skelettreste.

Es stimmt übrigens nicht, dass der Mensch vom Affen abstammt. Allerdings hatten die Menschenaffen und wir vor vielen Millionen Jahren gemeinsame Vorfahren.

Dryopithecinen (bedeutet etwa Baumaffen) nennt man die gemeinsamen Vorfahren von Mensch und Menschenaffen. Sie lebten vor rund 20 bis vor 4 Millionen Jahren.

EA

**Aufgabe 1:** *Hier siehst du die verschiedenen Entwicklungsstufen der Menschheit. Schneide die Kärtchen und Menschen aus. Ordne die Kärtchen der zeitlichen Reihenfolge nach. Klebe sie dann auf ein Blatt und füge die Menschen daneben ein.*

**Homo habilis (Geschickter Mensch)**
Der Homo habilis wurde im Durchschnitt 1,45 m groß. Weil er in der Lage war, einfache Werkzeuge herzustellen, wurde er Homo habilis, geschickter Mensch genannt. Er lebte vor etwa 2,5 Mio Jahren.

**Homo sapiens sapiens (Jetztmensch)**
Alle heute lebenden Menschen stammen vom Homo sapiens sapiens ab. Er wurde 1,60 – 1,85 m groß. Im Vergleich zum Neandertaler erschuf er nicht nur Werkzeuge, sondern auch Kunstwerke, wie die Höhlenmalereien zeigen. Ihn gibt es seit etwa 10 000 Jahren.

**Australopithecus (Vormensch)**
Der Vormensch wurde 1,10 – 1,50 m groß. Seine Haltung war gebückt und der eines Affen noch sehr ähnlich. Werkzeuge konnte der Vormensch noch nicht herstellen. Die Vormenschen lebten 4,2 bis 2 Mio Jahre vor uns.

**Homo erectus (Frühmensch)**
Der Frühmensch wurde bereits 1,65 m groß. Er konnte Faustkeile herstellen und entdeckte das Feuer. Weil der Frühmensch aufrecht gehen konnte, erhielt er den Namen Homo erectus, aufrechtgehender Mensch. Er lebte etwa 1,8 bis 1,3 Mio Jahre vor uns.

**Homo sapiens (Neandertaler)**
Der Neandertaler ist ein Vertreter der Gattung Homo sapiens. Er wurde bis zu 1,80 groß und konnte vielfältige Werkzeuge herstellen. Er lebte vor etwa 130 000 – 30 000.

# II. Entstehung der Menschheit

## Die Verbreitung der Menschen auf unserer Erde

Die ersten Menschen entwickelten sich ständig weiter. Nachdem sie entdeckt hatten, wie sie das Feuer nutzen konnten und nachdem die letzte Eiszeit vor etwa 10 000 Jahren zu Ende ging, breiteten sie sich auf der Erde aus.

Zu Beginn des menschlichen Lebens war unsere Erde noch sehr wenig bevölkert. Unabhängig und ungestört konnten sich große Kulturen und viele Volksstämme entwickeln. Doch wenige Jahrtausende vor unserer Zeitrechnung änderte sich das Bild. Die Menschen – oder zumindest ihre Oberhäupter – strebten nach Macht und Reichtum.

In Europa und im Mittelmeerraum waren es die Ägypter, die Griechen und die Römer, die nacheinander lange Kriege führten und am liebsten die ganze – früher bekannte – Welt erobert hätten. Auch unsere Vorfahren, die Germanen, und die Osmanen, die Urahnen der Türken, waren dabei. In Ostasien herrschten u. a. die Chinesen, Inder und Japaner – weitab von Europa. Auch nach Australien gelangten die Menschen. Die Ureinwohner dort nennt man Aborigines, in Neuseeland Maoris.

Columbus, der 1492 nach Indien segeln wollte, landete in Amerika. Dort gab es weitere Kulturen: Die der Mayas, Inkas und Indios (Indianer) in Südamerika, die Azteken in Mexiko und die Indianer und Iniuts (Eskimos) in Nordamerika. Nach und nach besiedelten die Menschen die ganze Erde.

**Aufgabe 2:** *Auf der Karte siehst du, auf welchen Wegen sich die Menschheit ausgebreitet hat. Nimm eine Weltkarte oder eine Atlas zu Hilfe und setze passend in die Karte ein.*

Afrika - Neuseeland - Europa - Südamerika - Australien - Nordamerika - Asien - Mexiko

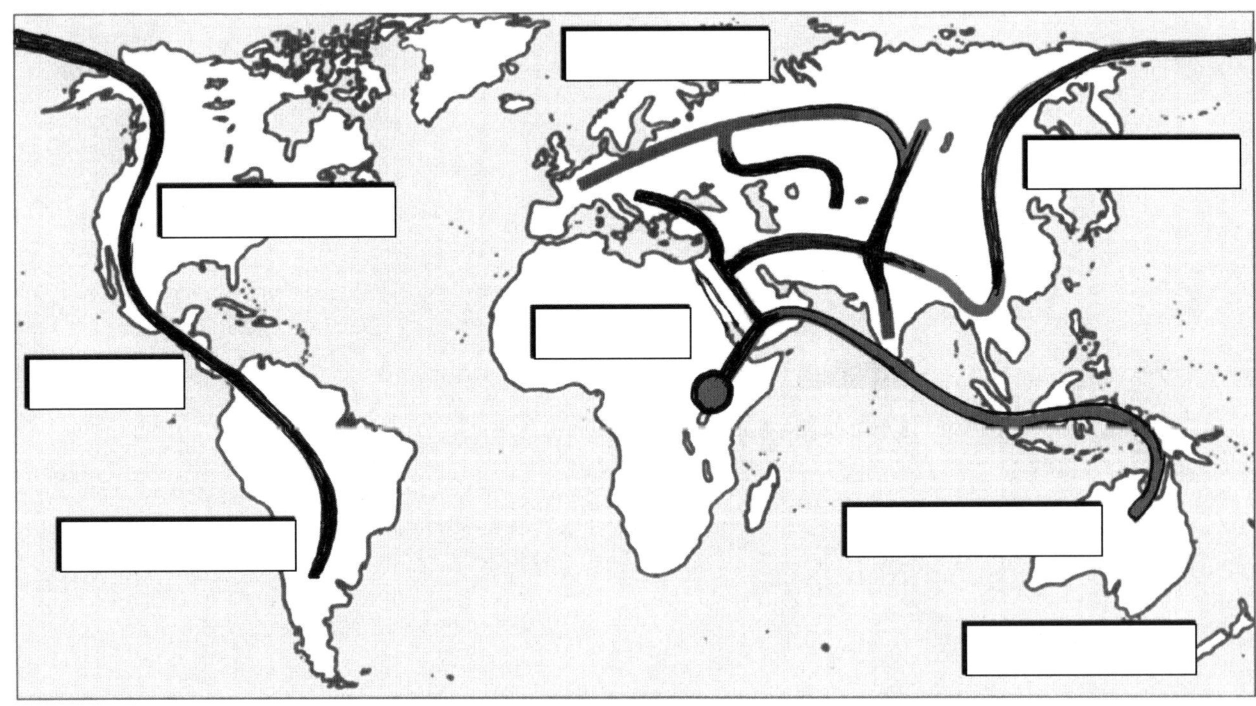

KOHL VERLAG Lernwerkstatt Viele Kulturen – nur eine Welt Zusammenhalt stärken, Vielfalt vermitteln – Bestell-Nr. 11 631

# II. Entstehung der Menschheit

**Aufgabe 3:** *Die Einwohner unserer Erde – wer lebt oder lebte wo?*
*Notiert die richtigen Buchstaben in den Erdteilen der Weltkarte.*

| | |
|---|---|
| A | Chinesen |
| B | Aborigines |
| C | Ägypter |
| D | Inder |
| E | Maoris |
| F | Römer |
| G | Mayas |
| H | Germanen |

| | |
|---|---|
| I | Indianer |
| J | Inkas |
| K | Inuit (Eskimos) |
| L | Griechen |
| M | Azteken |
| N | Japaner |
| O | Indios |
| Q | Osmanen - Türken |

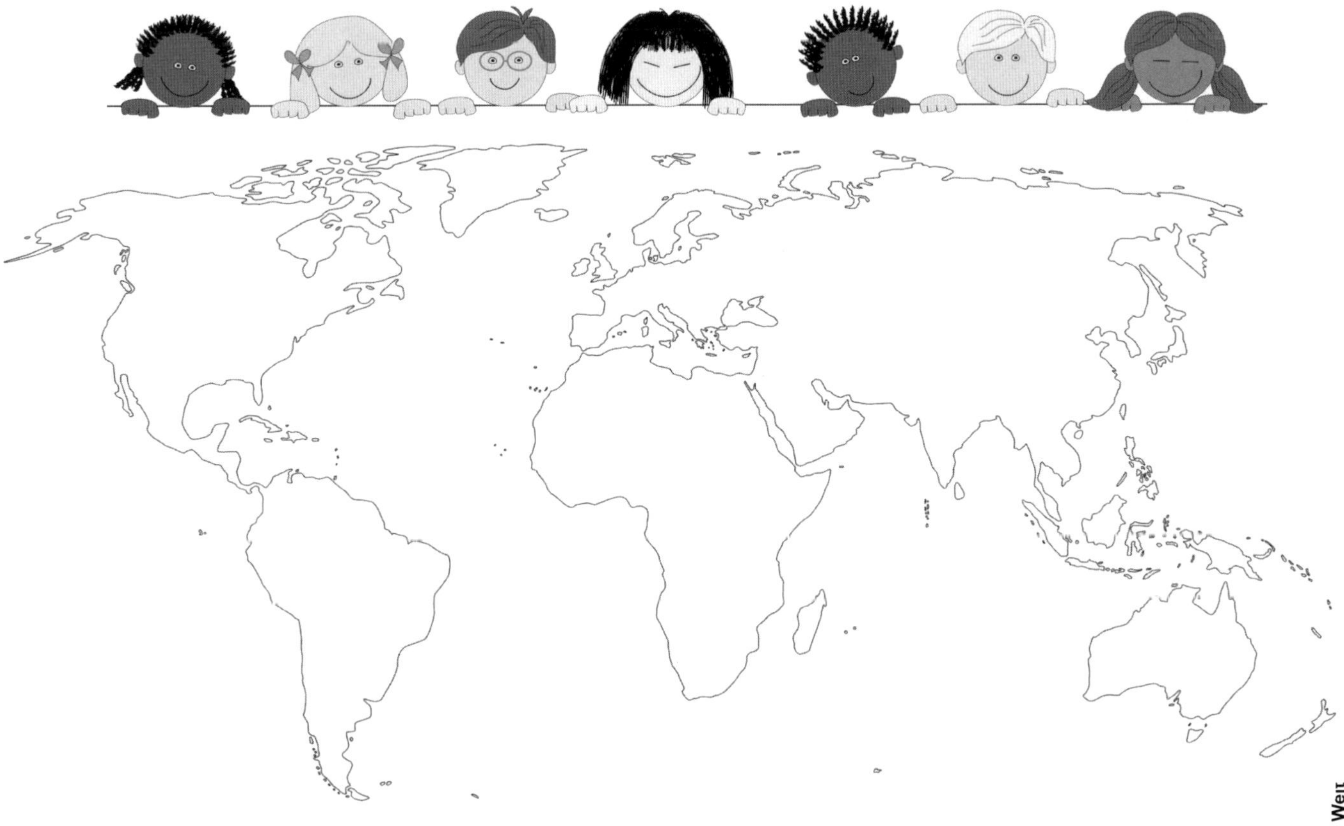

**Aufgabe 4:** *Findet euch in Gruppen zu dritt oder viert zusammen. Jede Gruppe „forscht" über 2 verschiedenen Kulturen, die auf dem Kärtchen angegeben sind. Anschließend tragt ihr eure Ergebnisse der Klasse vor. Natürlich könnt ihr auch Bilder aus Zeitschriften, Reisekatalogen oder dem Internet einfügen.*

| | | | |
|---|---|---|---|
| Chinesen<br>Indios | Aborigines<br>Germanen | Inder<br>Mayas | Römer<br>Azteken |
| Indianer<br>Japaner | Inkas<br>Türken | Ägypter<br>Maoris | Inuit<br>Griechen |

Lernwerkstatt Viele Kulturen – nur eine Welt
Zusammenhalt stärken, Vielfalt vermitteln – Bestell-Nr. 11 631
KOHL VERLAG

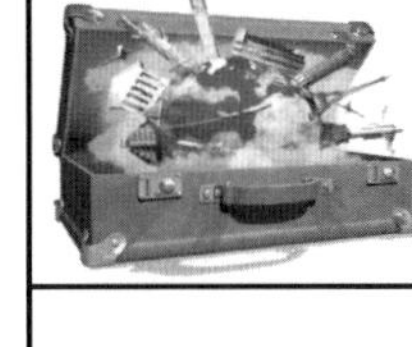

# II. Entstehung der Menschheit

## Wie entstanden verschiedene Völker?

Der Mensch passte sich dem Lebensraum an, in dem er lebte. Im Laufe der Zeit entwickelten sich verschiedene ethnische Gruppen („ethnos“, bedeutet im Griechischen „Volk“).

Der heutige Mensch besteht aus verschiedenen ethnischen Gruppen, die sich ähnlich sind und doch unterscheiden. Es gibt unterschiedliche Hautfarben, Augenfarben, Körpergrößen oder Gesichter. So sehen Europäer anders aus als Menschen aus Asien oder Afrika. Südeuropäer unterscheiden sich wiederum von Nordeuropäern, und genauso gibt es unter den Völkern Asiens verschiedene Typen. Es entwickelten sich im Laufe der Jahrtausende viele Völker. Alle hatten ihre eigenen Sprachen, Sitten und Lebensweisen, die zu ihrem Umfeld (Lebensraum) passten. So lebten die schwarzen Menschen in Afrika völlig anders als die Inuits (Eskimos) in Grönland am Nordpol.

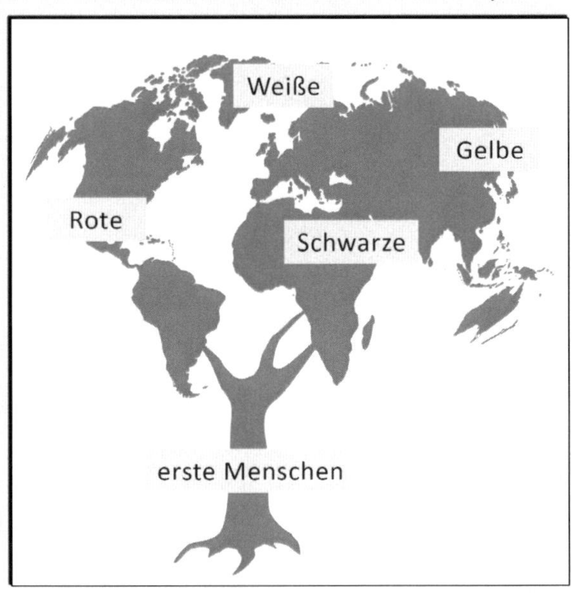

EA

**Aufgabe 5:** *Gelbe, rote, schwarze und weiße Menschen haben nicht nur verschiedene Hautfarben, sondern auch verschiedene Gesichtszüge. Zeichne zu jeder Art eines auf.*

| | | | |
|---|---|---|---|
| | | | |
| Gelbe, z. B. | Rote, z. B. | Schwarze, z. B. | Weiße, z. B. |

EA

**Aufgabe 6:** *Finde im Buchstaben-Gitter 11 heute lebende Völker.*

| | | | | | | | | | | | |
|---|---|---|---|---|---|---|---|---|---|---|---|
| Ä | R | C | H | I | N | E | S | E | N | Z | A |
| G | F | O | Z | N | R | U | S | S | E | N | R |
| Y | U | I | N | D | I | O | S | D | U | T | A |
| P | E | S | K | I | M | O | S | B | E | Ü | B |
| T | B | L | J | A | P | A | N | E | R | R | E |
| E | E | Ä | H | N | W | U | R | T | I | K | R |
| R | R | S | M | E | X | I | K | A | N | E | R |
| A | T | I | G | R | I | E | C | H | E | N | K |

Lernwerkstatt Viele Kulturen – nur eine Welt
Zusammenhalt stärken, Vielfalt vermitteln – Bestell-Nr. 11 631
KOHL VERLAG

# II. Entstehung der Menschheit

EA

**Aufgabe 7:** *Früher teilte man Menschen in verschiedene Rassen ein. Zum Teil war das einfach eine Gliederung, so wie wir heute noch verschiedene Hunderassen kennen. Zum Teil verband man mit der Einteilung aber auch Wertbegriffe und sah eine Rasse höher als eine andere an. Heute hören wir öfters den Begriff „Rassismus". Erklärt, was ihr darunter versteht.*

EA

**Aufgabe 8:** *Unten findest du Bilder von verschiedenen Völkergruppen. Schneide sie aus und klebe sie zu den Gebieten in die Weltkarte.*

**Schwarze - Asiaten - Mexikaner - Eskimos - Indianer - Europäer - US-Amerikaner - Russen**

KOHL VERLAG

# III. Kulturen in Asien

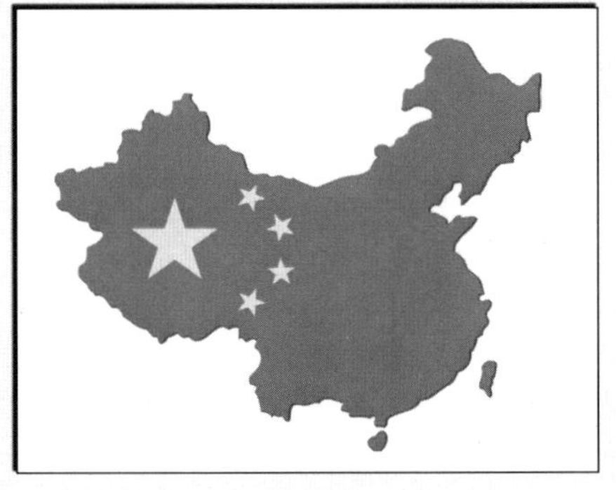

In Asien entstanden viele Kulturen, z.B. in China, Japan und Indien. Alle sogenannten Weltreligionen sind in Asien entstanden. Zentralasien war die Heimat von Steppenvölkern (Reitervölker wie die Mongolen).

## China

5000 Jahre ist die chinesische Kultur inzwischen alt. Sie ist die älteste noch existierende Hochkultur der Welt. Sie hat in aller Welt ihre Spuren hinterlassen (Papier, Buchdruck, Seide, Porzellan, Malerei, Gedichte und Denkweisen), diese Kultur konnte über Jahrtausende weitergegeben werden. Chinesische Figuren aus Porzellan oder Bronze sind heutzutage besonders wertvoll. Weltbekannt ist auch die chinesische Mauer, die über 20.000 km lang ist.

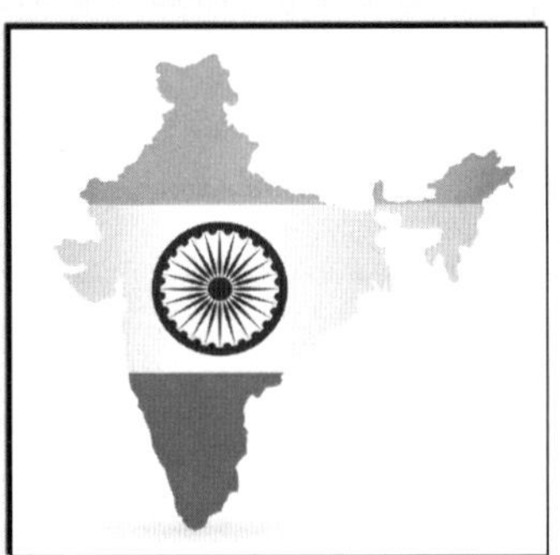

## Indien

Kaiser Ashoka gründete im dritten Jahrhundert vor Christus das erste Großreich Indien. Die meisten Inder sind Hindus.

Die Menschen wurden früher in ein Kastensystem eingeteilt. Die vier wichtigsten waren: Priester, Krieger, Bauern und Händler und zuletzt die Arbeiter. Das Kastensystem wurde mit der Unabhängigkeit offiziell abgeschafft.

Die Inder mögen farbenfrohe Kleidung. Männer tragen zu Dhoti (Beinkleid) und Kurta (Hemd) einen Turban, Frauen wickeln sich in den Sari und tragen ein Bindi, einen roten Punkt auf der Stirn. Kühe sind in Indien heilig und dürfen nicht getötet werden. Ein Bad in Ganges, glauben die Hindus, reinigt sie von ihren Sünden. Das Tadsch Mahal, das riesige Grabmal in Agra, zählt zu den schönsten Bauwerken der Welt.

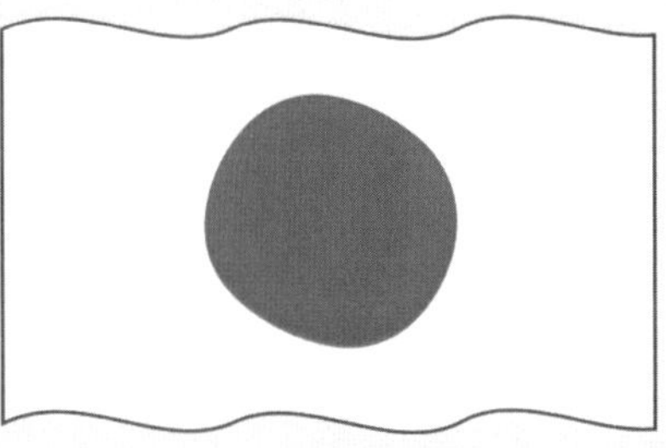

## Japan

Der Staat Japan entstand im 5. Jahrhundert. Seit dem 16. Jahrhundert trieb Japan schon Handel mit dem Westen. Als erste Industrienation Asiens baute Japan Autos, Fernseher, Kameras, Musikanlagen usw.. Japan wird auch „das Land der aufgehenden Sonne" genannt.

Die Geishas, Mädchen und Frauen, die Gesellschaft leisten, lernen singen, tanzen und musizieren. Eine Geisha muss auch eine gute Gastgeberin sein und die Teezeremonie beherrschen. Ikebana ist eine in Japan entwickelte Kunst des Blumensteckens. Und die japanischen Manga-Figuren und die Sumoringer kennt ihr bestimmt. Ein Wahrzeichen Japans ist der Vulkan Fuji. Der Kimono ist ein beliebtes Kleidungsstück und wird mit dem Obi (Gürtel) getragen.

Lernwerkstatt Viele Kulturen – nur eine Welt
Zusammenhalt stärken, Vielfalt vermitteln – Bestell-Nr. 11 631

# III. Kulturen in Asien

PA

**Aufgabe 1:** *Findet zu den drei verschiedenen Kulturen China, Indien und Japan Stichpunkte. Im Text auf Seite 12 und auf den Bildern findet ihr Infos. Notiert sie auf den Linien und erklärt euch gegenseitig, was es bedeutet.*

China
Countries alphabet

Countries alphabet
Japan

# III. Kulturen in Asien

## Chinesisches Horoskop: Die Legende

Die Geschichte erzählt, dass Buddha alle 13 Tiere der Tierkreiszeichen einlud, als er die Erde verlassen wollte. Eigentlich gehörte die Katze auch dazu. Die Ratte erzählte jedoch der Katze, dass das Fest einen Tag später stattfinden würde. So legte die Katze sich schlafen, träumte vom Fest, und verpasste es. So erschienen nur zwölf Tiere.

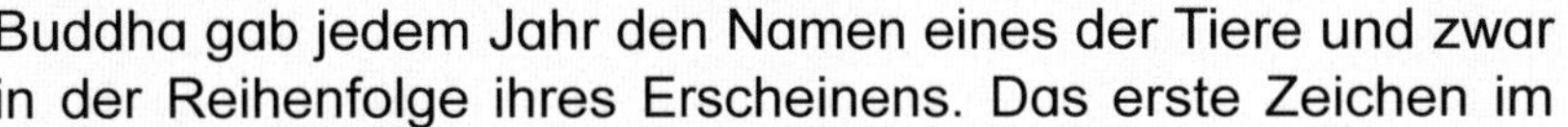

Buddha gab jedem Jahr den Namen eines der Tiere und zwar in der Reihenfolge ihres Erscheinens. Das erste Zeichen im chinesischen Tierkreis ist demnach die Ratte, die zuerst kam. Es folgen der Büffel, der Tiger, der Hase, der Drache, die Schlange, das Pferd, die Ziege, der Affe, der Hahn, der Hund und das Schwein. Da die Katze nicht da war, erhielt sie auch kein Jahr geschenkt. Das chinesische Tierkreiszeichen, in dem man geboren ist, ist – so das chinesische Horoskop – das Tier, das man in seinem Herzen trägt.

| Zeitraum | Tierkreiszeichen | Eigenschaft |
|---|---|---|
| 02. Januar 2004 - 08. Februar 2005 | Affe | wendig, beweglich |
| 09. Februar 2005 - 28. Januar 2006 | Hahn | stolz, protzig |
| 29. Januar 2006 - 17. Februar 2007 | Hund | treu, hilfsbereit |
| 18. Februar 2007 - 06. Februar 2008 | Schwein | ehrlich, redlich |
| 07. Februar 2008 - 25. Januar 2009 | Ratte | angriffslustig, empfindsam |
| 26. Januar 2009 - 13. Februar 2010 | Büffel | sanft, arbeitsam |
| 14. Februar 2010 - 21. Februar 2011 | Tiger | verwegen, erregbar |
| 03. Februar 2011 - 22. Januar 2012 | Hase | gutmütig, sanft |
| 23. Januar 2012 - 09. Februar 2013 | Drache | geistreich, einzelgängerisch |
| 10. Februar 2013 - 30. Januar 2014 | Schlange | schlau, listig |
| 31. Januar 2014 - 18. Februar 2015 | Pferd | ungeduldig, gesellig |
| 19. Februar 2015 - 7. Februar 2016 | Ziege | artig, eigenwillig |

EA

**Aufgabe 2:** *Hier siehst du alle chinesischen Tierkreiszeichen. Male sie farbig aus und kreise ein, welches zu dir gehört.*

KOHL VERLAG Lernwerkstatt Viele Kulturen – nur eine Welt – Bestell-Nr. 11 631
Zusammenhalt stärken, Vielfalt vermitteln

# III. Kulturen in Asien

EA

**Aufgabe 3:** *Hier siehst du die chinesischen Schriftzeichen für die verschiedenen Tierkreiszeichen. Finde dein Zeichen und male es auf ein Blatt. Male das passende Tier dazu. Schreibe deinen Namen darunter. Ihr könnt alle eure Bilder in der Klasse aufhängen. Vielleicht klebt ihr noch ein Foto von euch dazu.*

EA

**Aufgabe 4:** *Male das Mandala bunt aus.*

KOHL VERLAG
Lernwerkstatt Viele Kulturen – nur eine Welt
Zusammenhalt stärken, Vielfalt vermitteln – Bestell-Nr. 11 631

EA

**Aufgabe 5:**

- *Markiere die richtigen Antworten farbig.*
- *Lies die Buchstaben der Reihe nach, du erhältst ein Lösungswort.*

**a)** Welches Land hat die älteste Kultur?

| Indien | G | China | O | Japan | R |
|---|---|---|---|---|---|

**b)** Welches Volk erfand das Porzellan?

| Engländer | A | Deutsche | F | Chinesen | S |
|---|---|---|---|---|---|

**c)** In welchem Land gab (gibt) es ein Kastensystem?

| Amerika | U | Indien | T | Japan | H |
|---|---|---|---|---|---|

**d)** Wo sind die Geishas als Gesellschafterin bekannt?

| Japan | A | Türkei | L | China | E |
|---|---|---|---|---|---|

**e)** Welches Land nennt man auch das Land der aufgehenden Sonne?

| Neuseeland | D | China | O | Japan | S |
|---|---|---|---|---|---|

**f)** Wo tragen die Frauen Sari und Bindi?

| Indien | I | Arabien | C | Australien | R |
|---|---|---|---|---|---|

**g)** Die japanische Kunst des Blumensteckens heißt:

| Origami | A | Ikebana | E | Orinoco | F |
|---|---|---|---|---|---|

**h)** Woher stammen die Manga-Figuren?

| Frankreich | B | Indien | U | Japan | N |
|---|---|---|---|---|---|

Lösungswort: ___ ___ ___ ___ ___ ___ ___ ___

Lernwerkstatt Viele Kulturen – nur eine Welt – Bestell-Nr. 11 631
Zusammenhalt stärken, Vielfalt vermitteln
KOHL VERLAG

# III. Kulturen in Asien

**Aufgabe 6:** *Ordne die Bilder dem richtigen Land zu. Welche Bilder gehören jeweils zusammen?*

EA

| die längste Mauer der Welt - der Vulkan auf der großen Insel - das weltbekannte Grabmal - Sari und Bindi - wertvolles Porzellan - Ikebana (Blumenkunst) |
|---|

1 ________________

2 ________________

3 ________________

4 ________________

5 ________________

6 ________________

Diese Bilder gehören zusammen: ☐ und ☐

☐ und ☐

☐ und ☐

**Aufgabe 7:** *Nicht nur Ikebana, sondern auch Origami entstand zuerst im Fernen Osten. Nach einer japanischen Legende bekommt derjenige, der 1000 Origami-Kraniche faltet, von den Göttern einen Wunsch erfüllt. Ein Kranich ist nun nicht so ganz einfach, so beginnen wir mit einem Pinguin. Hübsch sieht zweifarbiges Papier aus. Es muss auf jeden Fall quadratisch sein. Die Augen malt ihr zum Schluss auf.*

EA

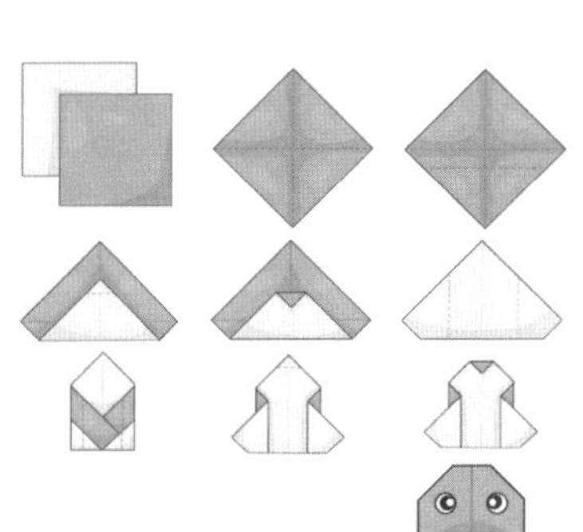

Lernwerkstatt Viele Kulturen – nur eine Welt
Zusammenhalt stärken, Vielfalt vermitteln – Bestell-Nr. 11 631
KOHL VERLAG

# IV. Kulturen in Amerika

## Die ersten Einwanderer Amerikas

Als vor etwa 30.000 Jahren die erste eisfreie Landbrücke zwischen Sibirien (Asien) und Alaska entstand, begann die Besiedlung des amerikanischen Kontinents. Bis ins 15. Jahrhundert breiteten sich die Einwanderer auf dem Doppelkontinent aus. Vor allem in Mittel- und Südamerika entwickelten sich bekannte Hochkulturen wie die Inkas, Mayas oder Azteken.

**Die Maya** lebten überwiegend in Mexiko und Guatemala. Ihre große Zeit lag zwischen 400 und 900 nach Christus. Aus dieser Zeit stammen große Orte und Siedlungen wie z.B. Tikal oder Chichén Itzá. Mehrere zehntausend Menschen sollen in einer solchen Stadt gelebt haben. Orte wie Paris und London waren zu dieser Zeit noch kleine Dörfer. Die Maya hatten Schriftzeichen und betrieben bereits Ackerbau. Geheimnisse umgeben sie: eine bis heute nicht vollständig entschlüsselte Schrift, ein rätselhafter Kalender. Einige Leute meinten, nach diesem Kalender sollte 2012 die Welt untergehen. Um das Jahr 1 000 verschwanden die Maya weitgehend. Heute leben noch etwa sechs Millionen ihrer Nachfahren in Zentralamerika.

**Die Azteken** waren ebenfalls frühere Ureinwohner Mexikos. Sie besaßen prächtige Tempel, den Pyramiden ähnlich, mit Gold und Silber verziert. Nach der Legende wanderten die Azteken im 14. Jahrhundert zum Texcoco-See, angeführt von ihrem Gott Huitzilopochtli. Als sie bei einer Insel im See ankamen, konnten sie einen Adler beobachten, der auf einem Feigenkaktus hockte und eine Schlange fraß. Nach der Vorhersage sollte genau dieses Ereignis ihnen den Platz zeigen, wo sie sich niederlassen sollten. So erbauten die Azteken die Stadt Tenochtitlán dort, wo sich heute Mexico-City befindet. Der Adler auf dem Kaktus mit der Schlange ist heute auf der mexikanischen Flagge zu sehen. Die Azteken besaßen nur eine Bilderschrift. 1525 besiegten die Spanier die Azteken.

**Inka** war der Name eines Stammes, der (wie er meinte) dem Sonnengott Inti entstammte und rund um Cuscos siedelte. Sie herrschten zwischen dem 13. und 16. Jahrhundert im Westen Südamerikas, in den Anden. Die großartigen Bauwerke, das weite Straßennetz und die Brücken sind besonders beeindruckend, da die Inkas alles fast ohne Rad oder Wagen, ohne Zugtiere wie Ochse und Pferd bauten. Das gesamte Straßennetz der Inka besaß eine ungefähre Länge von 40.000 Kilometern und war damit größer als das der Römer. Auch im Kunsthandwerk (Weben und Töpfern) stellten die Inkas eindrucksvolle Dinge her.

EA

**Aufgabe 1:** **a)** *Zu welcher Zeit lebten die Maya?*

______________________________________

______________________________________

**b)** *Was war das Besondere an ihnen?*

______________________________________

______________________________________

KOHL VERLAG Lernwerkstatt Viele Kulturen – nur eine Welt Zusammenhalt stärken, Vielfalt vermitteln – Bestell-Nr. 11 631

# IV. Kulturen in Amerika

PA

**Aufgabe 2:** *Die Azteken folgten ihrem Gott Huitzilopochtli. Erstellt zu diesem Wort ein Akrostichen. Das ist ein Buchstabenspiel, bei dem zu den Anfangsbuchstaben Worte gesucht werden, die zum Thema passen. Hier ist das Wort Huitzilopochtli untereinander geschrieben. Findet gemeinsam passende Wörter.*

*Maya-Kalender*

| | |
|---|---|
| H | |
| U | |
| I | |
| T | |
| Z | |
| I | |
| L | |
| O | |
| P | |
| O | |
| CH | |
| T | |
| L | |
| I | |

EA

**Aufgabe 3:**

**a)** *Welche besonderen Leistungen erbrachten die Inka im Gebirge der Anden?*

**b)** *Die Inkas webten aus Wolle sehr schöne Stoffe. Zeichne auf einem großen Rechenblatt ein ähnliches buntes Muster, wie du links siehst.*

**c)** *Zeichne das Reich der Inka ungefähr auf der Karte ein.*

# IV. Kulturen in Amerika

## Nordamerikanische Ureinwohner – Die Inuit – Eskimos

Die Inuit sind wohl eines der bekanntesten Völker der Erde. Jahrtausende überlebten sie ohne Strom und Heizung in Schnee und Eis. „Inuit“ – „Menschen“, nennen sie sich selbst. Sie lebten als Jäger von Karibus, Robben und Walen. Doch auch die Inuit haben sich der modernen Gesellschaft angepasst, ein guter Jäger ist nicht mehr so wichtig.

Bis Mitte des letzten Jahrhunderts lebten die Inuit in Iglus. Heute bauen sie sich nur noch zum Schutz auf Jagdausflügen diese Schneehäuser.

EA

**Aufgabe 4:**

a) *Hier siehst du Naka mit 11 Dingen, die alle zu seinem Lebensraum am Nordpol gehören. Nur eins passt überhaupt nicht. Was ist es? Kreise es ein.*

b) *Zeichne die richtigen Sachen auf ein Blatt und beschrifte sie.*

EA

**Aufgabe 5:**

a) *Naka will sich diesen Winter einen neuen Iglu bauen. Schneide die Bilder aus und klebe die der Reihe nach auf ein Blatt. Beschreibe zu jedem Bild, was Naka tut.*

b) *Wenn du die Buchstaben in der richtigen Reihenfolge liest, erhältst du ein Lösungswort.*

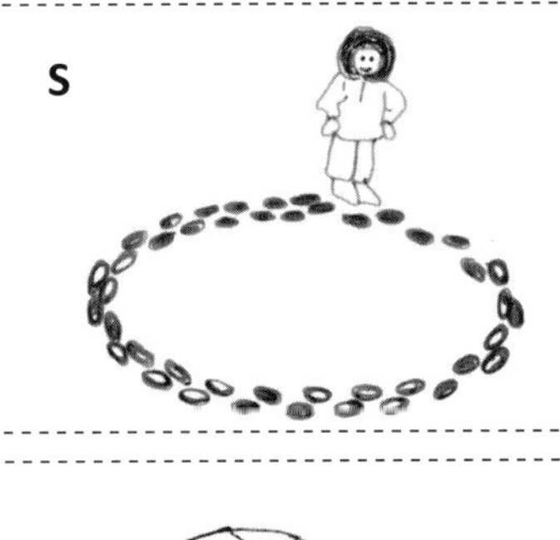


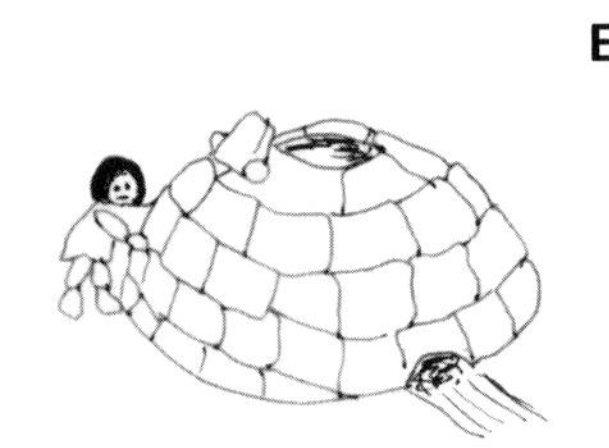


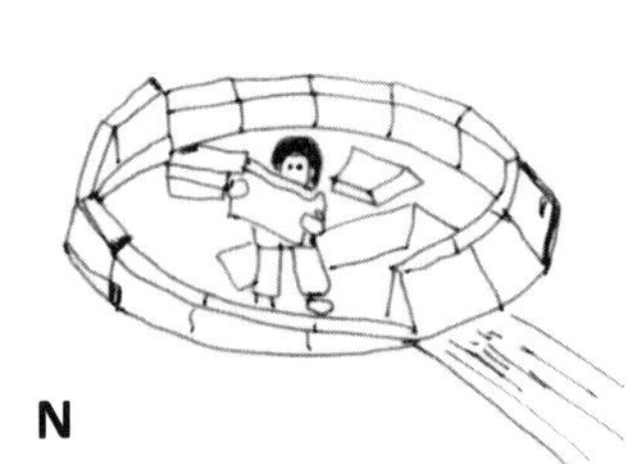


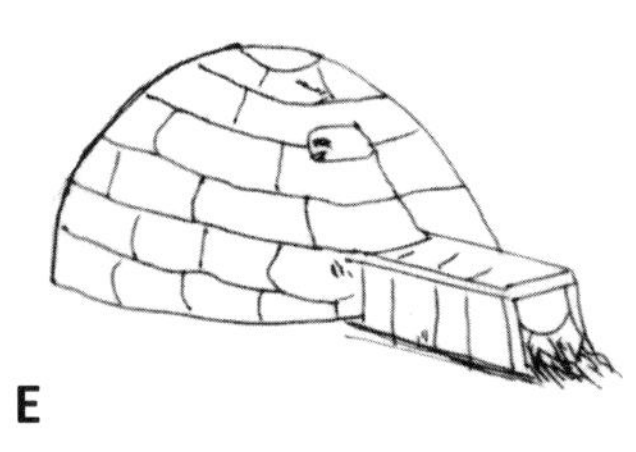


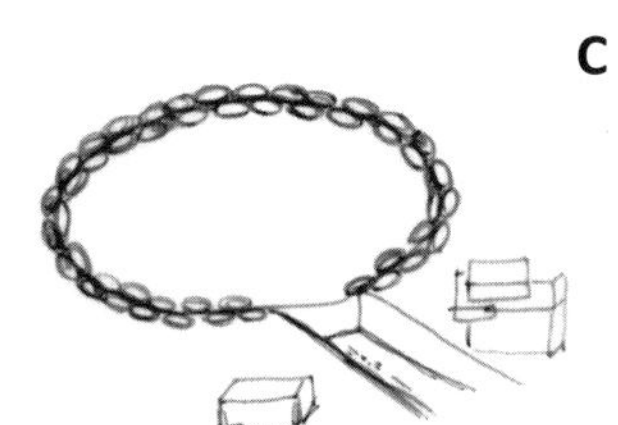

Lernwerkstatt Viele Kulturen – nur eine Welt
Zusammenhalt stärken, Vielfalt vermitteln – Bestell-Nr. 11 631

# IV. Kulturen in Amerika

## Nordamerikanische Ureinwohner – die Indianer

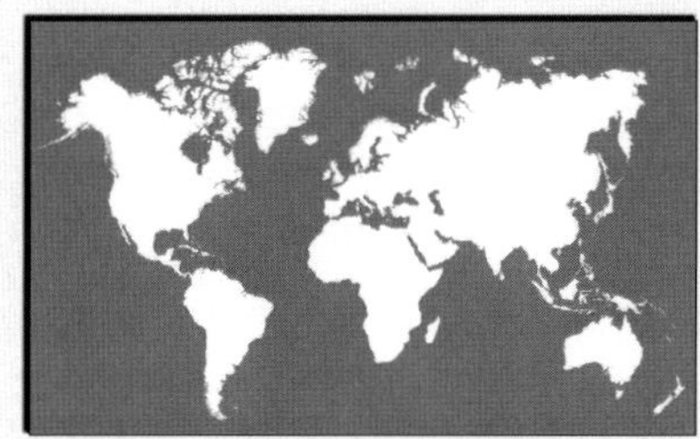

Noch vor 500 Jahren gehörte vielen Indianerstämmen wie den Apachen, den Navajos, den Sioux und den Hopis fast ganz Nordamerika. Dann kamen die Europäer und eroberten das Land. Doch bis heute hat die indianische Kultur überlebt.

Jeder Clan (das ist eine Großfamilie) hatte ein Tier oder Zeichen als Totem. Das kann man mit einem Wappen vergleichen. Für die Indianer ist es ein Schutzgeist. Ein Totem soll vor Krankheit, Not und Hunger schützen. Ein Totempfahl hingegen stellt die Zugehörigkeit und Stellung einer Familie oder eines Clans dar. Er hat keine magischen Kräfte.

Die Männer waren Jäger und Krieger. Ihre Waffen waren Pfeil und Bogen. Sie jagten mit ihren Pferden Büffel. Die Frauen kümmerten sich um die Kinder, den Haushalt und sammelten Beeren und Früchte. Abends saßen sie vor ihren Wigwams (Zelten) am Lagerfeuer.

Als 1869 die Eisenbahn von Ost- nach Westamerika fuhr, fanden sich immer mehr fremde Siedler und Abenteurer ein. Innerhalb kürzester Zeit wurden Millionen von Bisons, den Büffeln, von denen die Indianer lebten, getötet. Die Indianer wurden in Reservate verbannt. Dort lebten sie wie Gefangene und durften ihre Kultur nicht ausüben. Nach dem ersten Weltkrieg, Anfang des 20. Jahrhunderts, wurden sie amerikanische Bürger und durften 10 Jahre später wieder nach ihren Sitten leben – soweit das im Reservat möglich war. Heute bilden die Ureinwohner nur noch eine Minderheit in ihrer Heimat.

EA

**Aufgabe 6:**

a) *Male Nordamerika in der Weltkarte oben rot an.*

b) *Finde im Buchstaben-Gitter 14 Begriffe, die zu den Indianern gehören.*

c) *Gestalte auf einem großen Blatt einen Totempfahl, der zu deiner Familie passt.*

| N | I | D | I | A | P | G | E | R | K | W |
|---|---|---|---|---|---|---|---|---|---|---|
| L | A | G | E | R | F | E | U | E | R | A |
| K | A | M | I | O | E | V | E | N | I | F |
| R | J | Ä | G | E | R | D | E | W | E | F |
| E | S | S | P | U | D | T | Ü | I | G | E |
| S | B | Ü | F | F | E | L | H | G | E | N |
| E | O | B | E | E | R | E | N | W | R | I |
| R | G | C | I | E | R | T | S | A | L | A |
| V | E | H | L | T | O | T | E | M | P | S |
| A | N | E | I | S | E | N | B | A | H | N |
| T | O | T | E | M | P | F | A | H | L | G |

# V. Afrika – der ursprünglichste Kontinent

Afrika ist ein Kontinent mit vielen ursprünglichen, natürlichen Kulturen. Nur Ägypten hatte schon vor einigen tausend Jahren eine Hochkultur. In den großen Städten hat sich das Leben heute dem westlichen Lebensstil angepasst, den man modern nennt. Die Menschen, die in den Wüsten oder im Regenwald leben, werden oft als unterentwickelt und rückständig betrachtet. Dabei wissen sie unzählige Dinge, die wir heute nicht mehr kennen.

Die Menschen in Afrika haben umfassende Kenntnisse von der Natur und leben nach diesen Regeln. Viele glauben an Naturgötter und Zaubermänner.

In Nordafrika leben auch heute noch Nomaden wie die Tuareg. Nomaden sind Menschen, die mit ihren Tieren von Futterplatz zu Futterplatz ziehen und keinen festen Wohnort haben. Sie züchten Ziegen und Schafe. Als Transportmittel dienen ihnen Kamele, Esel und Pferde.

Zu den ältesten Völkern unserer Erde gehören die Pygmäen. Das sind kleinwüchsige Menschen, die in Zentralafrika im Regenwald leben. Sie waren Jäger und Sammler, sind mittlerweile aber auch sesshaft geworden, weil der Regenwald immer weiter zerstört wird und ihr Lebensraum damit sehr klein wurde.

Wenn wir heute an Afrika denken, fallen uns viele Tiere ein, die wir aus dem Zoo kennen und die in Afrika leben. Auch die afrikanische Musik, besonders die Trommeln, sind bekannt. Die Afrikaner weben auch bunte, farbenfrohe Baumwollstoffe, fertigen Figuren aus Bronze, Elfenbein und Holz und stellen Masken her. Die afrikanische Kunst ist bei uns erst seit Ende des letzten Jahrhunderts anerkannt und beliebt.

EA

**Aufgabe 1:** *Beantworte die folgenden Fragen in vollständigen Sätzen. Schreibe in dein Heft/in deinen Ordner.*

**a)** Was sind Nomaden?

**b)** Mit welchen Tieren ziehen sie herum?

**c)** Wen bezeichnet man als Pygmäen?

**d)** Erforsche, was Voodoo bedeutet.

**e)** Welche wild lebenden Tiere aus Afrika sind dir bekannt?

EA

**Aufgabe 2:** *Hier sind zwei afrikanische Frauen zu sehen, die auf dem Weg zum Brunnen sind.*

- Zeichne sie auf ein großes Blatt und gestalte einen Hintergrund.
- Was erzählen sich die Frauen? Notiere ein Gespräch. Lest es mit verteilten Rollen.

KOHL VERLAG Lernwerkstatt Viele Kulturen – nur eine Welt Zusammenhalt stärken, Vielfalt vermitteln – Bestell-Nr. 11 631

# V. Afrika – der ursprünglichste Kontinent

## Die San oder Buschmenschen

Die San oder Buschmenschen sind die ersten Bewohner Afrikas und vermutlich das älteste Volk der Erde. Seit mehr als 25.000 Jahren durchstreifen die Jäger und Sammler die Savannen Afrikas. Sie benutzen keine Waffen, sondern jagen wie ihre Vorfahren mit Pfeil und Bogen. Von einwandernden Völkern und europäischen Siedlern wurden sie in die Kalahari Wüste gedrängt. Die Buschmenschen haben sich dieser Umgebung angepasst. Ihr Leben ist hart, doch die Gemeinschaft bietet einen starken Zusammenhalt. Entscheidungen zum Beispiel über Wanderwege und neue Siedlungen werden gemeinsam getroffen. Es gibt keine Hierarchien. Die San leben in Gruppen von 10 bis 35 Mitgliedern. Sie übernachten in einfachen Hütten, die sie aus Zweigen, Blättern und Gras bauen. Mehr brauchen sie nicht, denn sie bleiben nie lange an einem Ort. Sie ziehen auf den Spuren der Wildtiere durch die Savanne.

Es herrscht eine klare Arbeitsteilung. Die Männer jagen und beschaffen Wasser. Sie sind ausgezeichnete Spurenleser, die Tiere führen sie zu Wasserstellen. Die Frauen sammeln Früchte, Beeren und Wurzeln, oder fischen. Sie kennen viele Pflanzenarten und wissen, welche essbar oder giftig sind und welche eine Heilkraft besitzen. Auf den Tisch kommen auch Termiten, Heuschrecken, Schlangen, Eidechsen und anderes Kleingetier. Die Buschmenschen leben nachhaltig und achten darauf, dass sie nie mehr von der Natur nehmen als sie benötigen. Wenn sie zu viel Fleisch oder Früchte besitzen, teilen sie mit anderen.

Heute haben viele Buschmenschen ihr Nomadendasein aufgegeben und sind sesshaft geworden. Einige arbeiten auf Farmen oder als Fährtenleser. Die meisten haben keine Arbeit. Doch dieses Leben bietet den San keinen Ersatz für die Freiheit, die sie früher gewohnt waren. Deshalb kämpfen einige San um ihr Daseinsrecht als Nomaden und ihre einstigen Jagdgebiete in der Kalahari.

# V. Afrika – der ursprünglichste Kontinent

**Aufgabe 3:** a) *Beschreibe die Kalahari. Was ist das für eine Landschaft? Wo liegt sie?*

______________________________________________

______________________________________________

______________________________________________

______________________________________________

______________________________________________

______________________________________________

b) *Welche Aufgaben hatten die Männer, welche die Frauen bei den Buschmenschen?*

______________________________________________

______________________________________________

______________________________________________

c) *Woraus bauten die San ihre Hütten?*

______________________________________________

______________________________________________

d) *Es gab keine Hierarchie – was bedeutet das?*

______________________________________________

______________________________________________

**Aufgabe 4:** *Sie lebten ohne Regierung friedlich zusammen. Würde das heute auch noch funktionieren? Äußert eure Meinungen und diskutiert in der Klasse darüber.*

**Aufgabe 5:** *Einige San haben einen Weg gefunden, ihre alten Traditionen wieder aufleben zu lassen. Sie sind dabei, eine Buschmann-Universität zu gründen. Denn viele alte Fähigkeiten und Kenntnisse werden in der Schule nicht gelehrt und sind doch sehr wichtig für das Land und die Umwelt. Überlegt gemeinsam, was sie San früher alles konnten und was auf einer solchen Universität gelernt werden soll.*

Lernwerkstatt Viele Kulturen – nur eine Welt
Zusammenhalt stärken, Vielfalt vermitteln – Bestell-Nr. 11 631

## Aksum – Abessinien – Äthiopien

Die ersten Menschen sollen in Ostafrika, genauer im heutigen Äthiopien, gelebt haben. Forscher fanden dort die ältesten Knochenreste. Unsere Urahnin Lucy lebte vor 3,2 Millionen Jahren. Donald Johanson entdeckte ihr Skelett 1974. Die Äthiopier nennen sie „Dingnsh", das bedeutet „die Schöne". Nur die Hälfte des Skeletts wurde gefunden. Wahrscheinlich war Lucy etwa 20 Jahre alt. Sie wog 30 Kilogramm und war 1 Meter groß.

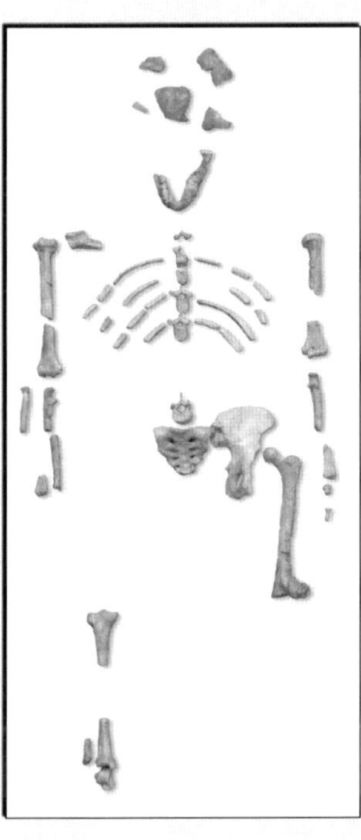

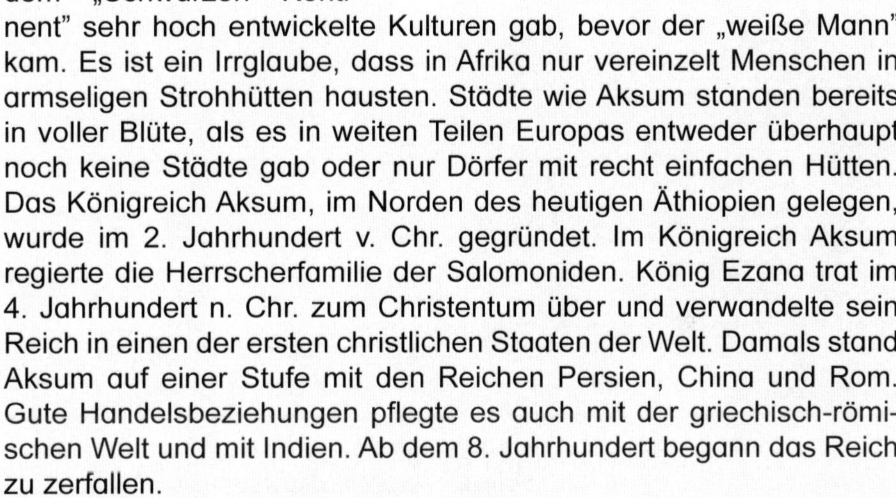

Die Königreiche von Aksum und Kusch sind ziemlich unbekannt. Doch zeigen sie, dass es auf dem „Schwarzen Kontinent" sehr hoch entwickelte Kulturen gab, bevor der „weiße Mann" kam. Es ist ein Irrglaube, dass in Afrika nur vereinzelt Menschen in armseligen Strohhütten hausten. Städte wie Aksum standen bereits in voller Blüte, als es in weiten Teilen Europas entweder überhaupt noch keine Städte gab oder nur Dörfer mit recht einfachen Hütten. Das Königreich Aksum, im Norden des heutigen Äthiopien gelegen, wurde im 2. Jahrhundert v. Chr. gegründet. Im Königreich Aksum regierte die Herrscherfamilie der Salomoniden. König Ezana trat im 4. Jahrhundert n. Chr. zum Christentum über und verwandelte sein Reich in einen der ersten christlichen Staaten der Welt. Damals stand Aksum auf einer Stufe mit den Reichen Persien, China und Rom. Gute Handelsbeziehungen pflegte es auch mit der griechisch-römischen Welt und mit Indien. Ab dem 8. Jahrhundert begann das Reich zu zerfallen.

Äthiopien, früher auch Abessinien genannt, ist der Nachfolger des Reiches Aksum. Als einziges afrikanisches Land konnte das äthiopische Reich seine Unabhängigkeit gegenüber den europäischen Kolonialmächten bewahren. Heute ist Äthiopien ein von Krieg und Hungersnot heimgesuchtes Land.

In einer kleinen Stadt im Norden liegen unter der Erde die 11 monolithischen Felsenkirchen von Lalibela. Wer kurz auf ein Bild sieht, denkt vielleicht, dass es sich bei den Kirchen um langweilige Häuser aus Lehm handelt. Die Felsenkirchen aber wurden meist in rote Basaltlava gemeißelt, von oben nach unten. Als erstes wurden die Wände der Kirche freigelegt. Danach kamen Fenster und Türen dazu, durch die man die Innenräume aushöhlte. Über 20 Jahre dauerte das Aushöhlen einer 12 km² großen Kirche. Sie sind weltweit bekannt und zählen zu den ersten Stätten, die zum UNESCO-Weltkulturerbe erklärt wurden.

Lernwerkstatt Viele Kulturen – nur eine Welt
Zusammenhalt stärken, Vielfalt vermitteln – Bestell-Nr. 11 631
KOHL VERLAG

# V. Afrika – der ursprünglichste Kontinent

PA

**Aufgabe 6:** *Beantwortet die folgenden Aufgaben in vollständigen Sätzen.*

**a)** *Was bedeutet „monolithisch? Was ist ein Monolith? Forscht nach.*

**b)** *Was ist denn die UNESCO eigentlich?*

**c)** *Es gibt viele interessante Bauwerke, die zum UNESCO-Welterbe gehören. Auch in Deutschland finden sich eine ganze Reihe. Nennt drei davon.*

**Aufgabe 7:** *Äthiopien gehört heute zu den ärmsten Ländern der Welt. Aber es besitzt kulturelle, geschichtliche und Naturschätze wie Seen und hohe Berge, Urwälder und Wüsten. Sucht Fotos, Bilder und Texte aus Zeitungen, Zeitschriften, Reiseprospekte und bastelt eine Kollage über das Land und den Beginn unseres Lebens.*

Lernwerkstatt Viele Kulturen – nur eine Welt
Zusammenhalt stärken, Vielfalt vermitteln – Bestell-Nr. 11 631

# VI. Juden – Israel

Das Volk Israel wurde von Gott auserwählt; so steht es in den heiligen Schriften des Judentums, der Thora. In jeder Synagoge werden die fünf Bücher der Thora als Schriftrollen aufbewahrt. Sie enthalten die ganze Geschichte des Volkes Israel. Sie beginnt mit der Erschaffung der Welt, erzählt von Abraham, Mose, dem Auszug aus Ägypten und den Zehn Geboten. Gott verspricht seinem Volk dafür, dass eines Tages ein Messias kommen und ihnen Heil bringen wird. Im Christentum werden diese Schriften im Alten Testament die fünf „Bücher Mose“ genannt.

Die Juden sehen sich als Diener des Herrn. Das Gebet „Höre Israel! Der Herr, unser Gott ist einzig“ wird Schemá genannt und wird dreimal am Tag gebetet.

Ein Rabbi ist ein Schriftgelehrter, der sich mit der Auslegung der heiligen Schriften beschäftigt und seiner Gemeinde hilft, sie zu verstehen. Ein religiöses Oberhaupt (wie einen Papst) oder Priester gibt es im Judentum nicht.

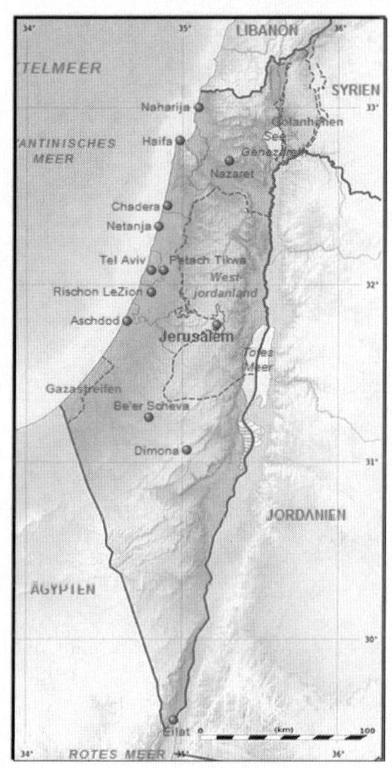


Die Geschichte des Judentums ist auch eine Geschichte der Unterdrückung, Vertreibung und Verfolgung. Das größte und schlimmste Verbrechen an den Juden wurde von 1939 bis 1945 begangen: Während der Hitler-Herrschaft in Deutschland wurden mehr als sechs Millionen Juden umgebracht. Dieser Völkermord wird als Holocaust oder hebräisch Shoa bezeichnet.

Viele Millionen Juden waren vor den Nazi-Verbrechern geflohen und nach dem zweiten Weltkrieg heimatlos. 1948 gründeten sie mit Hilfe Großbritanniens in dem von Arabern bewohnten Palästina den Staat Israel. Dabei wurde Palästina in einen jüdischen und in einen palästinensischen Staat geteilt. Seitdem gibt es immer wieder Krieg um das Land und die Stadt Jerusalem, die heilige Stadt.

Zu Beginn des 20. Jahrhunderts siedelten sich Gruppen von Juden in Palästina an. Erste Kibbuzim wurden gegründet. Das sind Gemeinschaften, die sich ein Stück Land, die Bewirtschaftung, Erträge und alle anfallenden Arbeiten teilen. 1909 wurde die Stadt Tel Aviv gegründet und 1948 der Staat Israel. Die Hoffnung auf ein friedliches Zusammenleben mit anderen Völkern erfüllte sich nicht.

EA

**Aufgabe 1:** *Die Kleidung vieler Juden – kennst du dich aus? Forsche nach und setze ein.*

- Peles
- Tallit
- Gebetsmantel
- Kippa
- schwarzen Hut

In der Synagoge trägt jeder Mann eine kleine Kappe auf dem Kopf. Sie heißt __________ und ist ein Zeichen der Ehrfurcht vor Gott. Auch im Alltag setzen viele Juden die Kappe auf. Die Männer einer streng orthodoxen Glaubensrichtung erkennst du an ihren langen Schläfenlocken, genannt _______________, einem langen Bart, schwarzer Kleidung und einem hohen _________________ , _______________. Den ______________ tragen Männer zu allen Morgenandachten der Woche, sowie am Sabbat und an den Festtagen. Er wird als __________________________ oder Gebetsschal bezeichnet.

Lernwerkstatt Viele Kulturen – nur eine Welt
Zusammenhalt stärken, Vielfalt vermitteln – Bestell-Nr. 11 631

# VI. Juden – Israel

EA

**Aufgabe 2:** *Verbinde die Texte mit den richtigen Bildern.*

**1.** Die siebenarmige **Menora** ist das älteste religiöse Symbol für das Judentum. Die Zahl Sieben taucht häufig auf. Gott erschuf die Erde in sieben Tagen. Die Juden feiern am siebten Tag der Woche Sabbat.

**2.** Die Thora wird im Thoraschrein einer **Synagoge**, dem Allerheiligsten, aufbewahrt.

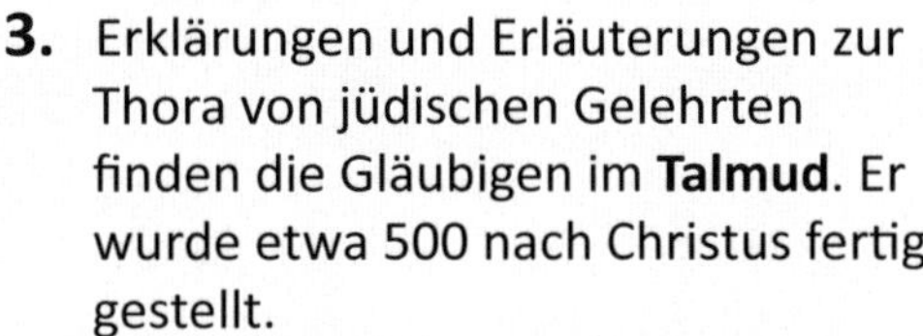

**3.** Erklärungen und Erläuterungen zur Thora von jüdischen Gelehrten finden die Gläubigen im **Talmud**. Er wurde etwa 500 nach Christus fertig gestellt.

**4.** Auch heute noch werden die Texte der **Thora** von Hand auf Schriftrollen geschrieben.

**5.** An der heiligsten Stätte des Judentums, der **Klagemauer** in Jerusalem, finden sich zum Sabbat, dem Ruhe- und Feiertag, viele Juden zum gemeinsamen Gebet ein.

**6.** Der **Davidstern** ist erst seit dem 17. Jahrhundert das Wahrzeichen für die jüdische Volksgemeinschaft und kein religiöses Symbol. Er galt als Zeichen der Zusammengehörigkeit und des Zusammenhalts.

**7.** Zu den wichtigsten Aufgaben der **Rabbiner**, den jüdischen Gelehrten und „Meistern", gehört die Auslegung der Thora und des Talmuds.

A

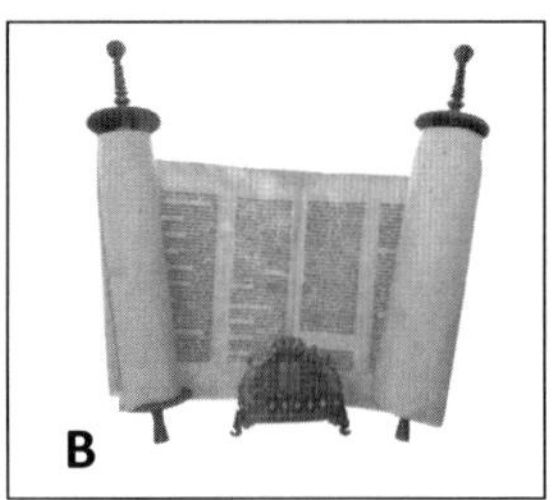
B

C

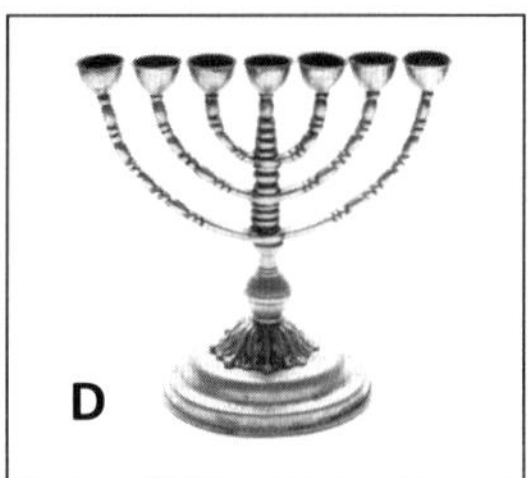
D

E

F

G

# VII. Hochkulturen rund ums Mittelmeer

**Aufgabe 1:** *Ihr wisst nun, was eine Kultur ist. Doch was versteht ihr unter einer Hochkultur? Tauscht euch in der Gruppe aus.*

**Aufgabe 2:** *Das gab es in einer Hochkultur: Bringe die folgenden Sätze in die richtige Reihenfolge. Schreibe in dein Heft/in deinen Ordner.*

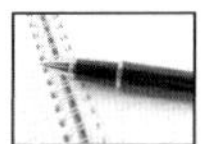

| | |
|---|---|
| **1** | die Felder - wurden bewässert - In der Landwirtschaft |
| **2** | legten sich - an - Vorräte der Ernte – Die Menschen |
| **3** | Handel - es - getrieben - wurde |
| **4** | Städte - der Mittelpunkt - waren - der Verwaltung |
| **5** | gab - wie Fischer, Bauer und Soldat - verschiedene Berufe - Es |
| **6** | hatten - eine gemeinsame Schrift - Die Menschen |
| **7** | wurden - Wissenschaften - erforscht |
| **8** | in Kunst, Musik und Architektur - schufen etwas - Die Völker |
| **9** | hatte - einen gemeinsamen - Man - Kalender |

**Aufgabe 3:** *Was hatten die antiken (alten) Hochkulturen schon? Was hatten sie noch nicht? Leider sind die Begriffe ein wenig durcheinandergeraten. Ordne die Wörter und markiere grün, was es damals schon gab und rot, was es bestimmt nicht gab.*

| | | | |
|---|---|---|---|
| **puteCrom** ____________ | **fritSch** ____________ | **fonelTe** ____________ | **kisuM** ____________ |
| **hennesFer** ____________ | **stunK** ____________ | **Karlende** ____________ | |
| **Sätted** ____________ | **ufereB** ____________ | **dyHan** ____________ | |

KOHL VERLAG Der Verlag mit dem Baum
Lernwerkstatt „Viele Kulturen – eine Welt" – Bestell-Nr. 11 631

# VII. Hochkulturen rund ums Mittelmeer

## Ägypten

*Die Pyramiden von Gizeh*

Die ägyptische Kultur begann etwa im Jahr 3400 vor Christus. Zu dieser Zeit entstanden die Hieroglyphen (die ägyptische Schrift) und der Kalender mit 365 Tagen.

Pharaonen (Könige) regierten das Land. Sie wurden nach ihrem Tod in den Pyramiden bestattet. Pyramiden sind Grabmäler für Pharaonen. An einer Pyramide arbeiteten etwa 100.000 Menschen 20 bis 30 Jahre lang. Über 80 ägyptische Pyramidenstätten findet man am Ufer des Nils.

Die berühmtesten Bauwerke sind die Pyramiden von Gizeh. Sie sind eines der sieben Weltwunder des Altertums, dabei das älteste und das einzige, das heute noch besteht. Die Ägypter glaubten, dass sie ihren Körper auch als Tote noch brauchten. So wurden die Körper der toten Könige besonders behandelt, damit sie lange erhalten blieben (Mumie). Kostbare Gaben wurden den Pharaonen mit in die Grabkammer gegeben und die Pyramide mit großen Steinen verschlossen. Trotzdem schafften es Grabräuber, die meisten Pyramiden zu plündern.

*Sphinx von Gizeh*

Das Wort Sphinx bezeichnet eine Löwen-Statue, meist mit einem Menschenkopf. Die Große Sphinx von Gizeh ist die berühmteste und größte Sphinx. Sie stellt einen liegenden Löwen mit einem Menschenkopf dar und ist über 20 m hoch. Man erzählt, dass ein Scheich 1378 die Nase der Sphinx abschlug. Seitdem fehlt dieses Teil. Der Scheich wurde von den wütenden Menschen getötet.

EA

**Aufgabe 4:** *Die Grabkammer, in der die Könige bestattet wurden, war nur durch viele verwinkelte Gänge zu erreichen. Doch Abdul möchte unbedingt noch etwas hineinbringen. Zeig ihm die 3 Wege.*

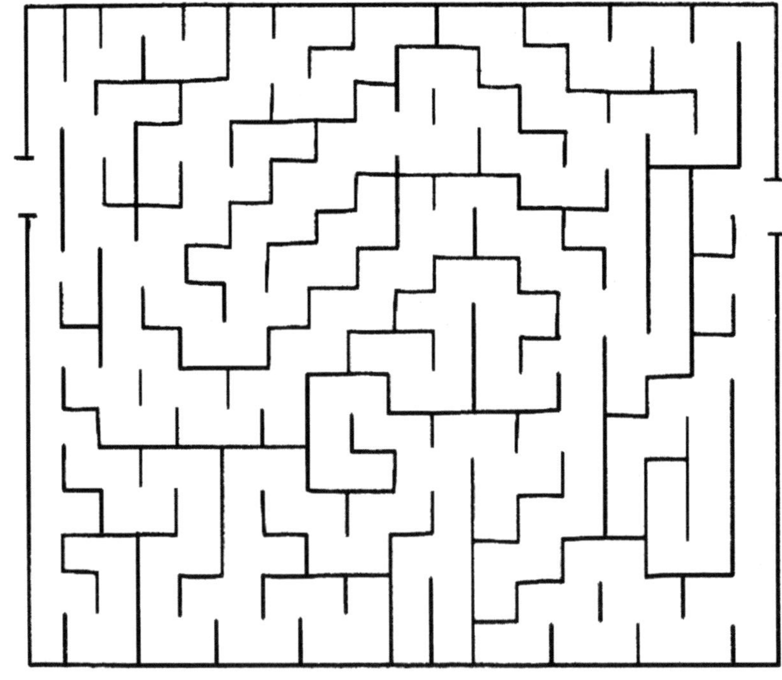

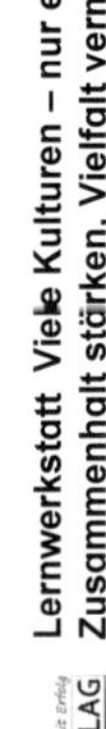

KOHL VERLAG Lernwerkstatt Viele Kulturen – nur eine Welt – Bestell-Nr. 11 631
Zusammenhalt stärken, Vielfalt vermitteln

# VII. Hochkulturen rund ums Mittelmeer

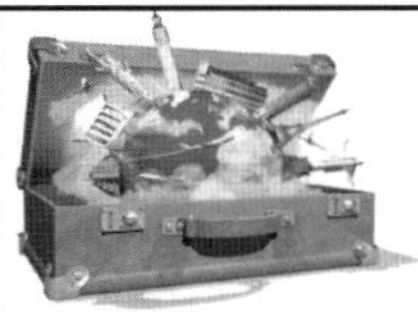

## Der Nil

Der Nil zieht sich durch ganz Ägypten. Er ist mit 6671 km einer der längsten Flüsse der Welt. Ohne den Nil wäre Ägypten eine riesige Sandwüste, es wäre kein Leben möglich. So siedelten sich die Menschen entlang des Flusses an. Jedes Jahr von Mitte Juli bis Oktober trat der Fluss über die Ufer und schwemmte fruchtbaren schwarzen Schlamm auf die Felder rundum. Wenn das Nilwasser wieder sank, konnten die Bauern die Felder bebauen.

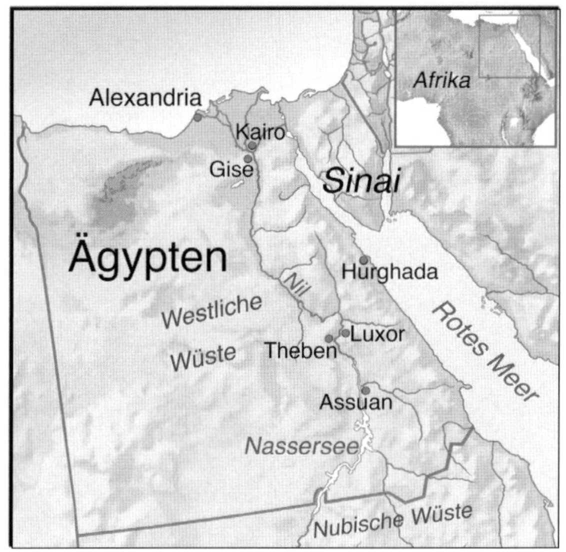


EA

**Aufgabe 5:** *Entlang des Nils finden sich viele bemerkenswerte Kulturstätten. Zeichne auf der Karte mit roten Punkten ein:*

- ⇨ das Tal der Könige mit Tutanchamun in Theben
- ⇨ die Pyramiden von Gizeh (Gise)
- ⇨ Karnak-Tempel in Luxor

EA

**Aufgabe 6:** *Hier findest du eine einfache Darstellung der ägyptischen Hieroglyphen. Die Menschen früher haben sich viel Mühe mit dem Schreiben gegeben! Wie sieht dein Name mit diesen Schriftzeichen aus? Schreibe (male) auf die Linie.*

| A | B | C | D | E | F |
|---|---|---|---|---|---|
| G | H | I | J | K | L |
| M | N | O | P | Q | R |
| S | T | U, V, W | X | Y | Z |

______________________________________________

KOHL VERLAG
Lernwerkstatt Viele Kulturen – nur eine Welt
Zusammenhalt stärken, Vielfalt vermitteln – Bestell-Nr. 11 631

# VII. Hochkulturen rund ums Mittelmeer

Etwa 1300 Jahre v. Chr. (also vor mehr als 3000 Jahren) gab es in Ägypten einen kleinen König: Tutanchamun. Mit neun Jahren wurde er zum Pharao gekrönt. Und ein Pharao war für die Ägypter fast wie ein Gott. Doch der Kinderkönig hatte nicht viel zu sagen. Beamte, Priester und Generäle gaben den Ton an. Er starb schon mit etwa 18 Jahren. Wurde er umgebracht oder war es ein Unfall? Bis heute ist sein Tod ein ungelöstes Rätsel. Berühmt wurde er nicht durch sein Leben, sondern wegen seines Grabes, das Howard Carter im Jahre 1922 im Tal der Könige entdeckte. Es war als einziges fast unversehrt und nicht von Grabräubern geplündert worden. Ein besonderes Prachtstück aus Tutanchamuns Grab ist eine goldene Totenmaske, die sein junges Antlitz darstellt. Sie befindet sich im Museum in Kairo.

Totenmasken sind Abdrücke vom Gesicht eines Verstorbenen. Die Tradition ist uralt. Ursprünglich sollten die Masken Dämonen und böse Geister abwehren. Der Brauch findet sich noch heute bei manchen Naturvölkern, aber auch in China, Japan und Indien. In Ägypten wurden Totenmasken aus Gold angefertigt und sollten der Seele des Verstorbenen helfen, den alten Körper wiederzuerkennen.

EA

**Aufgabe 7:**

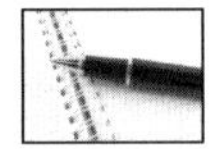

**a)** *Wodurch ist Tutanchamun bekannt und berühmt geworden?*

**b)** *Wozu fertigte man eine Totenmaske an?*

EA

**Aufgabe 8:**

*Schau dir im Internet oder in einem Lexikon die farbige Maske Tutanchamuns an. Zeichne dann die Vorlage unten fertig und male sie bunt aus.*

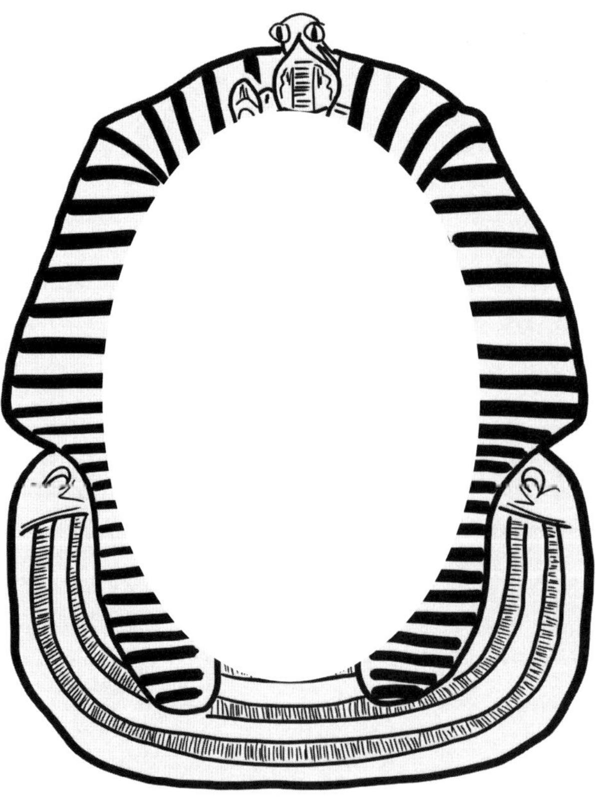

# VII. Hochkulturen rund ums Mittelmeer

## Die Griechen

Schon vor über 4000 Jahren entwickelten die Griechen eine Hochkultur. Wissenschaft, Kunst und Kultur aus dieser Zeit beeinflussen bis heute unsere Gesellschaft.

Die alten Griechen glaubten an viele Götter. So gab es z.B. den Göttervater Zeus, den Herrscher über Himmel und Erde, und Aphrodite, die Göttin der Schönheit und der Liebe. All diese Götter lebten der Sage nach auf dem Olymp, dem höchsten Berg Griechenlands. Ihnen zu Ehren wurden viele Tempel gebaut und Feste veranstaltet.

Ein solches Fest waren auch die Olympischen Spiele: Schon 776 v. Chr. kämpften Ringer und Läufer zu Ehren des Gottes Zeus. Deshalb wird heute das Olympische Feuer in dem griechischen Ort Olympia entzündet und dorthin getragen, wo die nächsten Olympischen Spiele stattfinden.

Am Anfang hatten alle Stadtstaaten der Griechen noch Könige, es herrschte eine Monarchie Das ist die Herrschaft eines Einzelnen, z.B. eines Königs. Aber nach und nach setzte sich überall die Demokratie durch. Das Wort „Demokratie“ bedeutet etwa „Herrschaft des Volkes“.

| Α | α | Β | β | Γ | γ | Δ | δ | Ε | ε | Ζ | ζ |
|---|---|---|---|---|---|---|---|---|---|---|---|
| Η | η | Θ | θ | Ι | ι | Κ | κ | Λ | λ | Μ | μ |
| Ν | ν | Ξ | ξ | Ο | ο | Π | π | Ρ | ρ | Σ | σ |
| Τ | τ | Υ | υ | Φ | φ | Χ | χ | Ψ | ψ | Ω | ω |

Die Schrift der Griechen war die erste Schrift, wo jeder Laut einen eigenen Buchstaben hatte. Es gab Buchstaben für Selbstlaute (Vokale, heute A, E, I, O, U) und auch für Mitlaute (Konsonanten wie B, G, S, T, W usw.). Man konnte die Schrift so lernen und gebrauchen wie unsere heutige Schrift.

Andere Völker nahmen sich diese Schrift zum Vorbild, wie zum Beispiel die Römer. Sie änderten die Buchstaben ab, aber das Prinzip blieb dasselbe – bis heute, denn wir benutzen noch immer die lateinische (römische) Schrift.

Als Mathematiker und Philosoph erlangte ***Pythagoras*** große Anerkennung. Der Gelehrte ***Aristoteles*** beschäftigte sich mit dem Aufbau der Erde und des Weltalls. ***Archimedes*** beschäftigte sich mit der Technik. Er baute ein Planetarium und erfand rund 40 Maschinen. ***Sokrates*** war Philosoph und beschäftigte sich vor allem mit ethischen (moralischen) Fragen. ***Platon*** war ein Schüler von Sokrates und ein großer Philosoph (Denker und Gelehrter).

EA

**Aufgabe 9:** *Ordne die griechischen Wissenschaftler dem Alphabet nach. Notiere dahinter, auf welchem Gebiet sie arbeiteten und forschten.*

KOHL VERLAG Lernwerkstatt Viele Kulturen – nur eine Welt – Bestell-Nr. 11 631
Zusammenhalt stärken, Vielfalt vermitteln

# VII. Hochkulturen rund ums Mittelmeer

EA

**Aufgabe 10:** *Beschreibe, was du unter einer Monarchie bzw. einer Demokratie verstehst.*

| Monarchie | Demokratie |
| --- | --- |
| | |

## Absolute und parlamentarische Demokratie

Königin Elisabeth von England ist eine Monarchin, König Felipe von Spanien ein Monarch. In diesen beiden Ländern (wie auch in vielen anderen, in denen es heute noch Königinnen oder Könige gibt), können diese aber keineswegs alleine entscheiden. Von den Bürgern gewählte Parlamente und Regierungen machen heute die Gesetze und bestimmen die Politik. Die Monarchen haben meist nur noch die Aufgabe, Gesetze zu unterzeichnen, Minister zu ernennen und das Land bei offiziellen Anlässen zu vertreten. Diese Staatsform nennt man „parlamentarische Monarchie“.

In früheren Jahrhunderten gab es Pharaonen, Kaiser, Könige und Fürsten, die wirklich die Alleinherrschenden über ihr Volk waren – niemand durfte ihnen reinreden. Das ist eine „absolute Monarchie“.

EA

**Aufgabe 11:**

**a)** *Erkläre mit deinem Worten, was eine parlamentarische Monarchie und was eine absolute Monarchie ist.*

**b)** *Finde zu beiden Formen Beispielländer.*

# VII. Hochkulturen rund ums Mittelmeer

## Die Olympischen Spiele

Das Symbol der Olympischen Ringe wurde von Pierre de Coubertin, dem Gründer des Internationalen Olympischen Komitees (IOC 1884) im Jahre 1913 entworfen. Es besteht aus den Farben Blau, Gelb, Schwarz, Grün und Rot. Die sechste Farbe ist Weiß im Hintergrund. Es stellt die fünf Erdteile dar, die in der Olympischen Bewegung vereint sind. Die verwendeten sechs Farben entsprechen denen sämtlicher Nationalflaggen der heutigen Welt.

EA

**Aufgabe 12:** *Das Zeichen für Olympia sind heute 5 farbige Ringe. Male sie mit den richtigen Farben an.*

EA

**Aufgabe 13:**

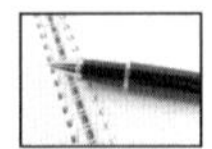

**a)** *Welches waren die ersten Sportarten, die schon die alten Griechen bei ihren Olympischen Spielen ausführten?*

**b)** *Nenne 10 Disziplinen, die heute bei den Olympischen Spielen ausgefochten werden.*

EA

**Aufgabe 14:** *Auf dem Olymp, dem höchsten Berg Griechenlands, wohnten zahlreiche Götter, die von den Griechen verehrt wurden. Die Götter waren unsterblich, besaßen aber menschliche Eigenschaften wie Zorn, Neid und Eitelkeit. Das ließen sie die Menschen spüren. So galten Blitz und Donner als Zeichen, dass der Göttervater Zeus zornig war. Auch Unglück und Krankheit sahen die Griechen als Strafe der Götter an. Um die Götter zu besänftigen, brachten die Griechen häufig Opfer dar.*

*Jeder Gott und jede Göttin hatte einen bestimmten Bereich, für den sie zuständig waren. Forscht nach und setzt richtig ein.*

Gott des Lichts, der Wahrheit und der Dichtkunst – Göttin der Liebe und der Schönheit – Gott des Meeres – Göttin der Weisheit – Göttin der Ehe, Gemahlin des Zeus – Gott der Unterwelt – Götterbote – Göttin für Ackerbau und Fruchtbarkeit

| Zeus | Göttervater, höchster Gott |
|---|---|
| Hera | |
| Poseidon | |
| Athene | |
| Aphrodite | |
| Demeter | |
| Hermes | |
| Apollo | |
| Hades | |

**Zusatzaufgabe:**

Gestaltet ein Bild vom Olymp und seinen göttlichen Bewohnern!

Lernwerkstatt Viele Kulturen – nur eine Welt
Zusammenhalt stärken, Vielfalt vermitteln – Bestell-Nr. 11 631
KOHL VERLAG

# VII. Hochkulturen rund ums Mittelmeer

## Die Römer

Vor über 2.000 Jahren war die Stadt Rom der prachtvolle Mittelpunkt des riesigen Römischen Reiches. Es gab in Rom und daraufhin auch im gesamten Römischen Reich bereits viele Dinge, die für uns heute selbstverständlich sind, für damalige Verhältnisse aber extrem fortschrittlich waren: Bildung war für die Römer wichtig, deshalb wurde Lesen, Schreiben und Mathematik gelehrt. Sie bauten auch schon zu ihrer Zeit Brücken, Straßen, Wasserleitungen und Kanäle.

*Das Kollosseum in Rom*

Die Geschichte beginnt mit der Gründung der Stadt Rom. Der Sage nach waren es die Zwillingsbrüder Romulus und Remus, die von ihrer Mutter ausgesetzt und von einer Wölfin großgezogen wurden. Sie legten schließlich 753 v. Chr. den Grundstein der Stadt. Bald darauf wurde Rom zur Hauptstadt des mächtigen Römischen Reiches. Viele Bauwerke und Denkmäler, für die Italien heute berühmt ist, stammen aus dieser Zeit. Etwa 500 n. Chr. endete die Herrschaft des Römischen Reiches.

Italien entwickelte sich zu einer Hochburg für Kunst und Wissenschaft: Hier lebte der Wissenschaftler Galilei, der entdeckte, dass sich die Erde um die Sonne dreht. Der Italiener Leonardo da Vinci malte die berühmte Mona Lisa, Michelangelo gestaltete die Sixtinische Kapelle.

EA

**Aufgabe 15:** *Wer und was gehört zusammen? Verbinde durch Linien.*

Galileo Galilei

Michelangelo

Leonardo da Vinci

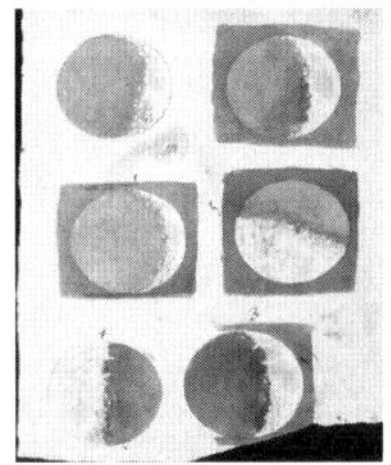

Lernwerkstatt Viele Kulturen – nur eine Welt – Bestell-Nr. 11 631
Zusammenhalt stärken, Vielfalt vermitteln

# VII. Hochkulturen rund ums Mittelmeer

## Römische Zahlen

Wenn wir auch heute noch die lateinische (römische) Schrift benutzen, so hatten die Römer doch andere Zeichen für die Zahlen als wir heute üblicherweise nutzen. Doch auch die römischen Zahlen finden wir heute noch, z. B. in einigen Büchern, auf Uhren oder Listen. Sie werden mit großen Buchstaben dargestellt. Ein Zeichen für Null gibt es nicht.

So bedeutet: **I (1), V (5), X (10), L (50), C (100), D (500) und M (1000).**

Wenn du eine Zahl mit römischen Zeichen schreiben willst, beginnst du mit der größten römischen Ziffer. Zieh deren Wert so häufig wie möglich von der umzurechnenden Zahl und notiere sie dabei. Dadurch werden die Ziffern automatisch der Größe nach sortiert:

| 1 × 1000 | + | 1 × 500 | + | 4 × 100 | + | 1 × 50 | + | 3 × 10 | + | 3 × 1 | = | 1983 |
|---|---|---|---|---|---|---|---|---|---|---|---|---|
| M | + | D | + | CCCC | + | L | + | XXX | + | III | = | MDCCCCLXXXIII |

EA

**Aufgabe 16:** **a)** *Schreibe die Zahlen 587 und 2015 sowie dein Geburtsjahr mit römischen Ziffern.*

**b)** *Was bedeuten diese römischen Zahlen? Notiere den Wert mit unseren Zahlen.*

I.

| | |
|---|---|
| **XXVI** | |
| **XIX** | |
| **MMX** | |

II.

| | |
|---|---|
| **MDCXI** | |
| **CCCXXII** | |
| **DCCLXXXVII** | |

Auch Teile Deutschlands gehörten zum Römischen Reich. Gerade am Rhein entlang finden sich noch heute einige Städte, die von ihnen gegründet wurden.

Berühmte Bauwerke, alte Städte und wertvolle Gemälde sind eine Sache – gutes Essen eine andere: Auch die Pizza, die Spagetti Bolognese und das Waffel-Eis stammen aus Italien. Mitte des letzten Jahrhunderts, nach dem Zweiten Weltkrieg, kamen viele Italiener als „Gastarbeiter" zu uns nach Deutschland.

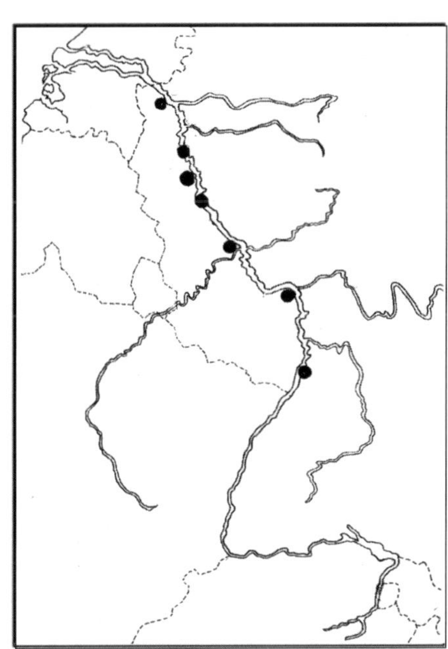

PA

**Aufgabe 17:** *Nehmt einen Atlas oder eine Karte und beschriftet die Städte richtig:*

**Koblenz, Köln, Mainz, Xanten, Worms, Bonn, Neuss**

KOHL VERLAG Lernwerkstatt Viele Kulturen – nur eine Welt
Zusammenhalt stärken, Vielfalt vermitteln – Bestell-Nr. 11 631

# VIII. Osmanen und Germanen

## Die Osmanen – Türken

Über drei Kontinente erstreckte sich das Osmanische Reich zu Zeiten seiner größten Ausdehnung. Um 1300 wurde es von den Osmanen unter dem Sultan Osman I gegründet. Die Sultane regierten bis ins 20. Jahrhundert die heutige Türkei.

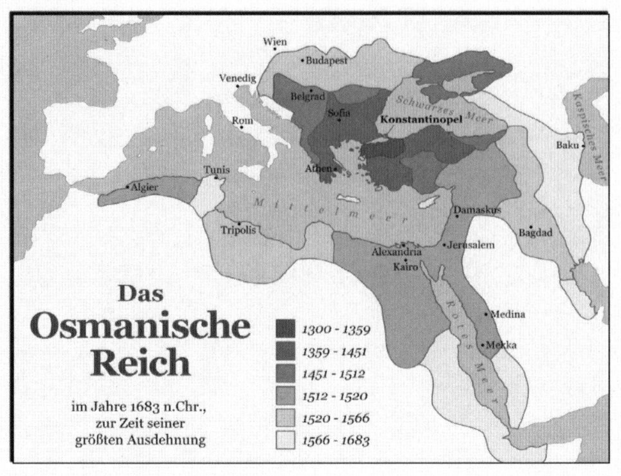

Von Kleinasien ausgehend beherrschten die Osmanen zu ihrer besten Zeit den Balkan, wichtige Teile Arabiens, sowie weite Teile Nordafrikas.

1923 wurde die Republik ausgerufen und Ankara zur Hauptstadt erklärt. Mustafa Kemal Pascha wurde erster Staatspräsident der Türkei.

Die meisten Türken sind Moslems. Sie glauben an Allah und beten fünfmal am Tag zu ihm. Wenn es möglich ist, gehen sie dazu in eine Moschee. So heißen islamische Gotteshäuser mit einer runden Kuppel und einem oder mehreren Türmen, den Minaretten. Von dort aus ruft der Muezzin (Vorbeter) die Menschen zum Gebet. Um in die Moschee zu dürfen, muss man die Schuhe ausziehen. Zum Gebet knien sich die Muslime nieder und verbeugen sich mit dem ganzen Körper in Richtung der heiligen Stadt Mekka in Saudi-Arabien.

EA

**Aufgabe 1:** *Auf welchen drei Kontinenten breitete sich das Osmanische Reich aus?*

EA

**Aufgabe 2:** *Was genau ist ein Sultan? Forsche nach und erkläre.*

**Aufgabe 3:** *Auch aus der Türkei kamen Mitte des letzten Jahrhunderts viele Gastarbeiter nach Deutschland. Viele blieben hier, holten ihre Familien ebenfalls in unser Land. Einige behielten ihre Kultur, ihre Bräuche und Sitten, andere leben mittlerweile genau wie wir. Was unterscheidet unsere türkischen Mitbewohner noch von uns? Vielleicht habt ihr muslimische Mitschüler, vielleicht habt ihr auch andere Freunde oder Bekannte aus der Türkei.*

# VIII. Osmanen und Germanen

## Die Germanen

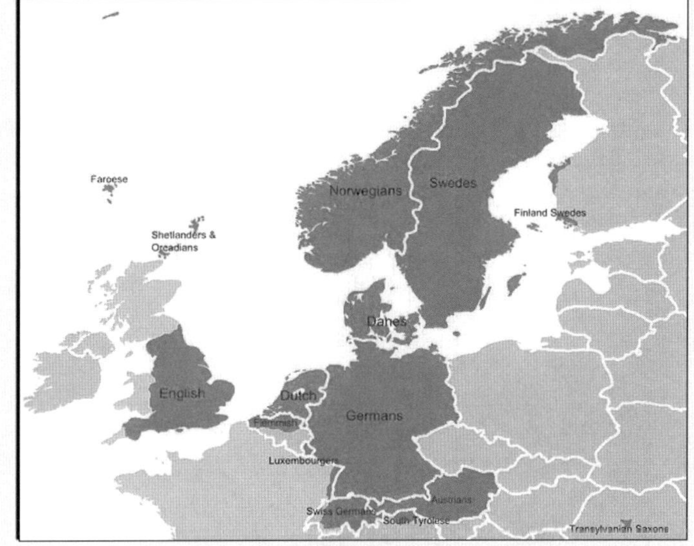


Die Germanen kamen wahrscheinlich vor etwa 3 500 Jahren aus dem Osten. Die Römer beschrieben sie als große Menschen mit blonden Haaren und blauen Augen. Sie lebten von Ackerbau und Viehzucht: Sie pflanzten Gerste, Weizen, Hafer, Hirse, und Flachs an und hielten Pferde, Rinder, Schweine, Schafe, Ziegen, Gänse und Hühner.

Germanen waren nicht nur in weiten Teilen des heutigen Deutschlands heimisch, sondern lebten auch in Mittel- und Nordeuropa an Nord- und Ostsee. Sie waren kein einheitliches Volk, sondern bestanden aus vielen verschiedenen Stämmen.

In den ersten Jahrhunderten nach Christi bildete sich aus den vielen Stämmen eine Anzahl von Großstämmen heraus. Unter ihnen waren die Alemannen, Burgunder, Franken, Goten, Sachsen, Thüringer, Angelsachsen und die Vandalen.

Die Germanen verehrten viele Götter. Der wichtigste war Odin oder Wotan. Thor oder Donar war der Gott des Donners, der Bauern und des Landes. Er schützte Menschen und andere Götter. Von ihm hat der Donnerstag seinen Namen. Der Dienstag wurde nach dem Kriegsgott Ziu genannt. Und Freitag kommt von Freyja, der Göttin der Fruchtbarkeit und Liebe. Zur Verehrung ihrer Götter versammelten sich die Germanen unter freiem Himmel an heiligen Orten. Diese lagen bei besonderen Quellen, Felsen oder Bäumen – meist Eichen.

Die Helden galten als Nachkommen der Götter. Das sind unter anderem Siegfried, der Drachentöter, und die Walküren. Diese Mädchen brachten die getöteten Helden zum Sitz der Götter, der Walhalla. Was davon wohl wahr und was Sage ist?

EA

**Aufgabe 4:**

*Erkläre, welchen Wochentagen die Götter Donar, Ziu und Freya ihren Namen gaben und für welche Dinge sie zuständig waren. Schreibe ins Heft/in den Ordner.*

EA

**Aufgabe 5:**

*Die Germanen versammelten sich an heiligen, geheimnisvollen Orten wie Quellen, besonderen Steinen und Felsen oder unter riesigen Bäumen. Zeichne ein Bild von einer Versammlung an einem dieser Orte.*

# VIII. Osmanen und Germanen

EA

**Aufgabe 6:** *Sudoku zu den heiligen Orten der Germanen: In jeder Reihe quer und längs sowie in jedem der 6 kleinen Felder darf jedes Bild nur einmal vorkommen. Schneide die Kärtchen aus und füge sie passend ein.*

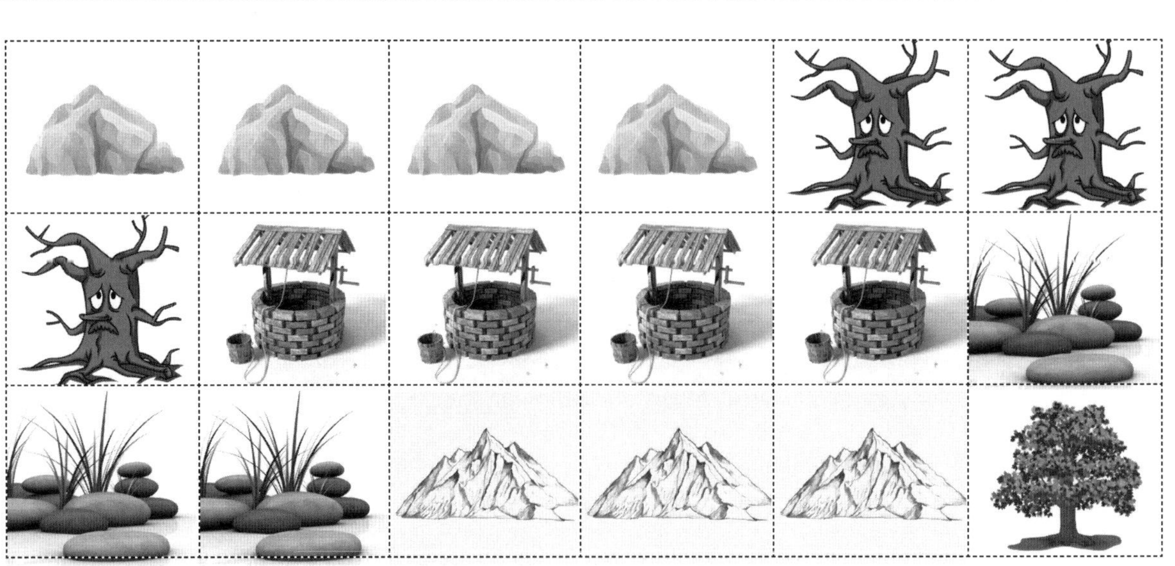

# IX. Die Weltreligionen

## Die Weltreligionen *(alphabetisch geordnet)*

Alle als „Weltreligionen" bezeichneten Religionen haben ihren Ursprung in Asien. Aber überall auf der Welt gibt es Menschen, die sich intolerant gegenüber Andersgläubigen verhalten. Einige glauben, dass ihre eigene Religion die einzig richtige ist. Dabei wissen die meisten von ihnen nicht einmal, wie Muslime beten, nach welchen Geboten Juden leben, oder wie Buddhisten den Weg zur Erlösung finden. Und bestimmt wollte und will kein Gott, dass die Menschen sich gegenseitig umbringen oder „heilige" Kriege wegen ihres Glaubens führen.

### Buddhismus

Der Buddhismus ist vor ungefähr 2500 Jahren in Indien entstanden. Buddhisten leben vor allem in Tibet, Thailand, Sri Lanka, Korea, China und Japan. Die „heiligen Schriften" sind im Pali-Kanon zusammengefasst.

Der Mensch soll sich von der Gier nach materiellen Dingen befreien. Gelingt ihm dies nicht, wird er nach seinem Tod wiedergeboren. Buddhisten glauben, wenn ein Lebewesen noch unerfüllte Wünsche hat, kann die Seele nicht zur Ruhe kommen. Nur wer keine Wünsche mehr hat, kann das Glück finden. Das ist für die Buddhisten die Voraussetzung, um das Nirwana zu erreichen. Wer das Nirwana erreicht, muss nicht mehr wiedergeboren werden. Der Dalai Lama ist das das Oberhaupt der Buddhisten in Tibet. Das Zeichen ist das 8fache Rad (siehe Bild links oben).

*Buddha-Statue*

*Christusstatue in Rio de Janeiro*

### Christentum

Christen glauben, dass Jesus Christus als Sohn Gottes auf die Erde kam und folgen seinen Lehren. Das Christentum kennt nur einen einzigen Gott. Die wichtigste Schrift ist die Bibel. Für Christen gelten die Zehn Gebote Gottes.

Die meisten christlichen Eltern lassen ihre Kinder kurz nach der Geburt taufen. Damit ist das Kind in die Gemeinschaft der Christen aufgenommen. Meist gibt es Jahre später noch einmal ein Fest, bei dem das Kind zum ersten Mal selbst am Abendmahl teilnimmt. Bei den Protestanten ist das die Konfirmation, bei den Katholiken die Erstkommunion.

### Hinduismus

Die Wurzeln des Hinduismus reichen mehr als 3.000 Jahre zurück. Nach Christentum und Islam ist der Hinduismus die drittgrößte Religionsgemeinschaft. Ihre Anhänger leben fast alle in Indien. Sie werden „Hindus" genannt.

Viele Hindus verehren Vishnu, den Gott der Güte. Eine andere Hauptgottheit ist Shiva. Die älteste heilige Schrift im Hinduismus sind die Veden, das bedeutet „Wissen".

Das Karma, das Konto der guten oder schlechten Taten, bestimmt, in welche Kaste ein Hindu geboren wird. Ein gutes Karma bewirkt, dass die Seele in einem besseren Leben wiedergeboren oder sogar erlöst wird. Eines der größten Feste heißt Divali, (Lichterkette), und ist das indische Neujahrsfest.

*Vishnu, Gott der Güte*

Lernwerkstatt Viele Kulturen – nur eine Welt
Zusammenhalt stärken, Vielfalt vermitteln – Bestell-Nr. 11 631

# IX. Die Weltreligionen

## Islam

Wer sich zum Islam bekennt, wird Muslima (Frauen) oder Muslim (Mann) genannt. Das Wort bedeutet: „der/die sich Gott unterwirft“.

Mohammed, der Prophet des Islams, wurde um das Jahr 570 in Mekka auf der Arabischen Halbinsel geboren.

Wie Allah ihm aufgetragen hatte, predigte Mohammed das Wort Gottes. Die wichtigste heilige Schrift des Islams ist der Koran.

*Der Prophet Mohammed und seine ersten Anhänger*

Zu den „Fünf Säulen des Islam“ gehören:

1. Schahada (das islamisches Glaubensbekenntnis)
2. Salat (fünfmaliges Gebet am Tag)
3. Zakat (Almosensteuer)
4. Saum (das Fasten im Ramadan)
5. Haddsch (die Pilgerfahrt nach Mekka)

In islamischen Ländern erinnert der Muezzin (Gebetsrufer) vom Minarett, dem Turm der Moschee aus, an die Zeiten fürs Gebet. Besonders wichtig ist das Gebet am Freitag, dieser Tag ist der Höhepunkt der Woche wie für die Christen der Sonntag. Am Freitag hält der Imam, der Vorbeter, eine Predigt in der Moschee.

Das Ende des Fastenmonats Ramadan wird mit einem großen mehrtägigen Fest gefeiert.

Ein Gruß arabischer Muslime ist „Salaam aleikum“, das heißt „Friede sei mit dir“. Die meisten der über eine Milliarde Muslime auf der Welt wollen ihren Glauben an Allah friedlich leben.

## Judentum

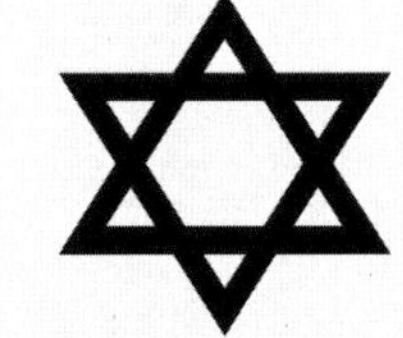

Das Judentum ist die älteste der drei Religionen, die alle an denselben Gott glauben. Es ist ungefähr 4000 Jahre alt. Das Christentum gibt es seit 2000 Jahren, den Islam seit fast 1400 Jahren.

Die wichtigste Heilige Schrift des Judentums ist die Thora. Sie erzählt von der Erschaffung der Welt, Noah und der Sintflut, Abraham und Moses.

Eine andere wichtige Schrift ist der Talmud, der hilft, die Bibel zu verstehen. Der Sabbat gehört ganz der Ruhe und dem Gebet, dazu versammelt sich die jüdische Gemeinde in der Synagoge.

*Mose und die 10 Gebote*

Am zehnten Tag nach dem Neujahrsfest feiern die Juden das Versöhnungsfest, den höchsten jüdischen Feiertag, genannt Jom Kippur. „Schalom“, das heißt Frieden, ist ein jüdischer Gruß. Ein friedliches Leben wurde den Juden aber oft schwer gemacht.

Der Begriff Antisemitismus bezeichnet die ablehnende Haltung gegenüber Juden.

EA

**Aufgabe 1:**

*Der Monotheismus (aus dem Griechischen) ist das Bekenntnis und die Verehrung nur eines einzigen Gottes. Er gilt als Schöpfer und Erhalter der Welt. Polytheismus ist der Glaube an mehrere Götter. Welche Religionen würdest du zum Monotheismus zählen?*

Lernwerkstatt Viele Kulturen – nur eine Welt
Zusammenhalt stärken, Vielfalt vermitteln – Bestell-Nr. 11 631

# IX. Die Weltreligionen

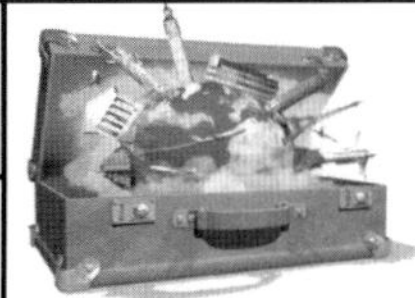

EA

**Aufgabe 2:** *Welche Bücher oder Schriften sind die wichtigsten im ... ?*

| | |
|---|---|
| Christentum | |
| Judentum | |
| Islam | |
| Hinduismus | |
| Buddhismus | |

EA

**Aufgabe 3:** *Welches Zeichen steht für welchen Glauben?*

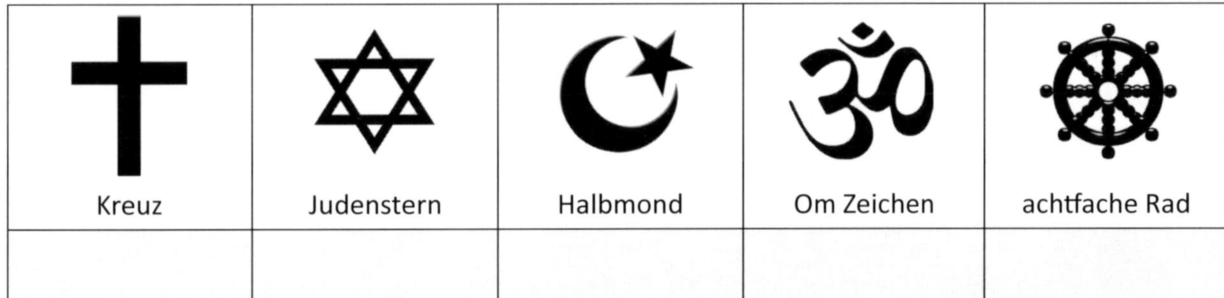

| Kreuz | Judenstern | Halbmond | Om Zeichen | achtfache Rad |
|---|---|---|---|---|
| | | | | |

EA

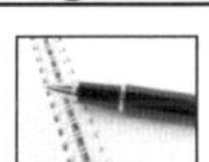

**Aufgabe 4:** *Die Gläubigen aller Welt beten in verschiedenen Gotteshäusern. Schneide die Bauwerke aus und klebe sie auf ein Extrablatt. Schreibe den richtigen Namen unter die Bauwerke und notiere die Religion dazu.*

a) 

b) 

c) 

d) 

e) 

**Aufgabe 5:** *Es gibt auch Menschen, die keiner Religion angehören. Wie ist es in eurer Klasse? Welche verschiedenen Glaubensrichtungen habt ihr? Berichtet darüber.*

Lernwerkstatt Viele Kulturen – nur eine Welt
Zusammenhalt stärken, Vielfalt vermitteln – Bestell-Nr. 11 631

# X. Die Sprachen

## Der Turmbau zu Babel – die Geschichte aus der Bibel *(vereinfacht)*

Alle Menschen hatten die gleiche Sprache und brauchten die gleichen Worte. Sie fanden eine Ebene im Land Mesopotamien und siedelten sich dort an. Sie sagten zueinander: Formen wir Lehmziegel und brennen wir sie zu Backsteinen. Erdpech nutzten sie als Mörtel. Dann sagten sie: Bauen wir uns eine Stadt und einen Turm mit einer Spitze bis zum Himmel. Da stieg der Herr herab, um sich Stadt und Turm anzusehen, die die Menschenkinder bauten.

Er sprach: Seht nur, ein Volk sind sie und eine Sprache haben sie alle. Und das ist erst der Anfang ihres Tuns, nun werden sie alles erreichen, was sie wollen. Ich steige hinab und verwirre ihre Sprache, sodass keiner mehr den anderen versteht. Der Herr zerstreute sie von dort aus über die ganze Erde. Die Menschen hörten auf, an der Stadt zu bauen. Darum nannte man die Stadt Babel (Wirrsal), denn dort hat der Herr die Sprache verwirrt, und von dort aus hat er die Menschen über die ganze Erde zerstreut.

Sicher wäre es gut, wenn wir uns mit allen Menschen, egal, wo sie herkommen, unterhalten könnten. So lernen heute die meisten Englisch, weil diese Sprache fast überall ein wenig verstanden wird. Doch bis alle Leute wieder eine Sprache sprechen, wird es wohl noch viele Jahre dauern .....

**Aufgabe 1:** *Wir sprechen im Deutschen die Wörter, wie sie geschrieben werden. In den meisten anderen Sprachen ist das nicht so. Versucht mal, euch in verschiedenen Sprachen zu begrüßen, bitte und danke zu sagen.*

| Sprache | Guten Tag | Auf Wiedersehen | Bitte | Danke |
|---|---|---|---|---|
| Englisch | Good Morning | Good Bye | please | thank you |
| Französisch | Bonjour | Au revoir | s'il vous plait | merci |
| Niederländisch | Goedendag | Tot ziens | alsjeblieft | bedankt |
| Italienisch | Buon giorno | Arrivederci | per favore | grazie |
| Russisch | Dobrij djen | Do svidanja | pazhaluysta | spasibo |
| Polnisch | Dzie dobry | Do widzenia | proszę! | dziękuję |
| Schwedisch | God dag | Adjö | snälla! | tack |
| Spanisch | Buenos dias | Hasta luego | por favor | gracias |
| Türkisch | Merhaba | Güle, güle | lütfen | teşekkürler |

Lernwerkstatt Viele Kulturen – nur eine Welt
Zusammenhalt stärken, Vielfalt vermitteln – Bestell-Nr. 11 631

# XI. Bräuche und Feste

## Bräuche und Feste

Fremde Kulturen haben andere Bräuche und Feste. Ein interkultureller Kalender, den man aus dem Internet herunterladen kann, gibt Aufschluss, wann wer welches Fest feiert. Dass ein und dasselbe Fest – wie etwa Weihnachten – sehr unterschiedlich gefeiert und von diversen interessanten Bräuchen begleitet wird, können die Schüler hier erfahren.

**Aufgabe 1:** *Die Texte zu den einzelnen Ländern können an eine kleine Gruppe verteilt werden, die dann eine genauere Beschreibung des jeweiligen Festes erstellt und illustriert.*

## Weihnachten in anderen Ländern

### Großbritannien

In der Adventszeit schmücken die Briten ihre Wohnungen mit bunten Girlanden. Die Weihnachtskarten werden aufgestellt oder quer durchs Zimmer an einer Wäscheleine aufgehängt. Stechpalmen und Mistelzweige werden an Lampen oder Türrahmen befestigt. Der Mistelzweig ist ein Zeichen für den Frieden. Stehst du unter einem Mistelzweig, darf dich jemand anderes küssen. So sagt es ein alter Brauch.

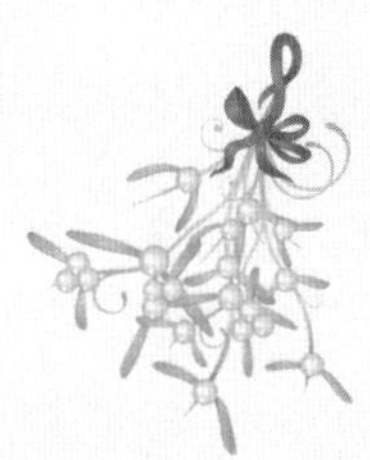

Die Bescherung findet in Großbritannien am Morgen des 25. Dezembers statt. In der Heiligen Nacht kommt Santa Claus oder Father Christmas mit dem Rentierschlitten. Er zwängt sich mit seinen Geschenken durch den Schornstein und legt sie ins Wohnzimmer oder in den Strumpf, den jedes Kind am Bettpfosten befestigt hat. Am frühen Nachmittag des Weihnachtstages gibt es das bekannte Truthahnessen und zum Nachtisch den Plumpudding.

### Schweden (Skandinavien)

In allen skandinavischen Ländern sind viele alte Bräuche erhalten geblieben. So wird das Weihnachtsfest „Julfest" genannt. Man wünscht sich „God Jul" (Frohe Weihnachten). Dort gibt es den Julbock. Er wird unter dem Weihnachtsbaum aufgestellt und trägt die Geschenke.

In der Vorweihnachtszeit wird geputzt, gebastelt und gebacken. Man erzählt sich, dass die Tomare (das sind kleine Hausgeister) den Menschen dabei helfen. Zum Dank stellt man ihnen am Heiligen Abend eine Schüssel süßen Milchbrei vor die Tür. Man glaubt, dass es der Familie Unglück bringt, wenn man sich nicht bedankt.

Heiligabend versammelt sich die Familie unter dem Christbaum. Nach einem guten Essen tanzen alle um den Baum und singen Weihnachtslieder. Danach findet die Bescherung statt. Tomte und seine Gesellen bringen die Geschenke. Am nächsten Morgen, dem ersten Weihnachtsfeiertag, besucht die Familie die Christmette. Der Julbock, ein Ziegenbock aus Stroh, bewacht zu Hause die Geschenke und hält die bösen Geister fern.

# XI. Bräuche und Feste

## Amerika

In Amerika wird Weihnachten bunt und laut gefeiert. Das Fest heißt Christmas oder einfach X-Mas. Das X steht für den ersten Buchstaben des griechischen Wortes für Christus.

In den Häusern und Geschäften stehen Bäume mit hellen, bunten Lichterketten. In der Nacht zum 25. Dezember kommt Santa Claus in seinem Schlitten. Gezogen wird der Schlitten von seinen Rentieren. Bestimmt kennst du das Rentier Rudolph mit der roten Nase!

Santa Claus gelangt durch den Kamin ins Haus. In die langen Strümpfe, die die Familie dort aufgehängt hat, steckt er seine Gaben. Größere Geschenke finden unter dem Weihnachtsbaum Platz. Zum Weihnachtsessen in Amerika gehören der Truthahn, gebackener Schinken und jede Menge süße Beilagen. Beliebt sind auch die Christmas-Cookies (Weihnachtsküchlein).

## Australien

Das Weihnachtsfest in Australien ist eine Sommerparty. Künstliche Weihnachtsbäume mit Plastik- oder Aluminium-Schmuck zieren Häuser und Gärten. Es gibt viel künstlichen Schnee und elektrische Lichter. Kerzen aus Wachs würden bei der Hitze ganz schnell schmelzen.

Vor Heiligabend sieht man Weihnachtsmänner auf Stelzen durch die Städte laufen, aus den Lautsprechern erklingt „White Christmas“. Die Sonne brennt vom Himmel. Am 25. Dezember treffen sich die Leute im Park oder am Strand zu einer Party oder einem Grillfest. Freunde kommen zu Besuch, und auch der Weihnachtsmann darf nicht fehlen. In seiner roten Badehose und mit dem langen Bart tanzt er vergnügt mit den Gästen und singt Weihnachtslieder. Wenn nicht gegrillt wird, gibt es auch hier einen Truthahn.

## Italien

In Italien feiert man das Weihnachtsfest vor allem in der Familie, mit gutem Essen und Wein. Oft kommt Fisch, z. B. Aal, als Weihnachtsgericht auf den Tisch. Und natürlich Panettone, der bekannte Weihnachtskuchen. In fast allen Familien wird zu Weihnachten auch eine Krippe aufgebaut.

Mittlerweile gibt es auch an Weihnachten Geschenke für die Kinder. Das war allerdings nicht immer so. Früher brachte die gute Hexe Befana kleine Geschenke und Süßigkeiten. Und zwar am 6. Januar, dem Epiphaniastag. Am Abend des 5. Januars hängen die Kinder ihre Weihnachtssocken auf, in der Hoffnung, dass die Befana ihnen über Nacht etwas Schönes hineinsteckt.

Dieser Brauch ist vor Jahrhunderten entstanden. Der Legende nach kamen die drei Heiligen Könige auf dem Weg nach Betlehem am Haus der Hexe Befana vorbei. Befana wollte auch das neugeborene Jesuskind sehen. Aber sie kam zu spät. Jedenfalls sucht sie seitdem überall herum und beschenkt vorsichtshalber alle Kinder mit kleinen Gaben.

Lernwerkstatt Viele Kulturen – nur eine Welt – Bestell-Nr. 11 631
Zusammenhalt stärken, Vielfalt vermitteln

# XI. Bräuche und Feste

EA **Aufgabe 2:** *Weißt du Bescheid? Beantworte die folgenden Fragen.*

**a)** In welchen Ländern gibt es ein Truthahn-Essen?

**b)** Wer stellt den kleinen Geistern süßen Milchbrei hin? Und warum?

**c)** Wo trägt der Weihnachtsmann eine Badehose?

**d)** Aus welchem Land ist der Plumpudding bekannt?

**e)** Was hat es mit dem Mistelzweig auf sich?

**f)** Welche Aufgabe hat der Julbock? Zu welchem Land gehört er?

**g)** Warum gibt es in Australien keine Wachskerzen?

**h)** Wofür steht das X beim amerikanischen X-Mas?

**i)** Wie heißen der Weihnachtsmann oder das Christkind in anderen Ländern? Schreibe in die Tabelle!

| Land | Christkind/Weihnachtsmann |
|---|---|
| Deutschland | |
| England | |
| Schweden | |
| Amerika | |
| Australien | |
| Italien | |

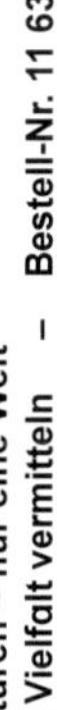

Lernwerkstatt Viele Kulturen – nur eine Welt
Zusammenhalt stärken, Vielfalt vermitteln – Bestell-Nr. 11 631
KOHL VERLAG

## Speisen weltweit – Domino

**Aufgabe 1:** *(kleine Gruppe) Die Speisen auf der Welt sind so vielfältig wie die Kulturen, Völker und Menschen. Nicht nur jedes Land hat seine Spezialitäten, sondern auch noch jede Gegend. Mit den vielen Rezepten wurden schon tausende Kochbücher gefüllt. Hier ein grober Überblick, den ihr als Domino zusammensetzen könnt. Schneidet die Kärtchen an den gestrichelten Linien aus, mischt sie und los geht's!*

| | | | |
|---|---|---|---|
| **Anfang** | **Türkei**<br>Hier gibt es kein Schweinefleisch, aber Rind, Lamm, Geflügel und Fisch. Bekannt ist Döner, Kebap und Köfte (Frikadellen). | **Türkei**<br> | **Frankreich**<br>Wir kennen das lange Brot, die Croissants, die Fischsuppe, die Bouillabaisse. |
| **Frankreich**<br> | Bei Kanada denkt man an riesige Wälder und viele Flüsse und Bären. So gibt es gibt viel Wildfleisch, Lachs und Ahornsirup. | **Kanada**<br> | **Irland**<br>Viele Gerichte von hier galten früher als Arme-Leute-Essen. Irish Stew und Shepherds' s Pie sind einfach und trotzdem lecker. |
|  | Im Orient gehören Lamm, Linsen, Kichererbsen, Couscous, Joghurt unyd Minze zu den typischen Zutaten, dazu viele Gewürze und Kräuter. Oft wird in der Tajine gegart. | **Orient**<br> | Zu Japan gehören Misosuppe, Teriyaki und Reis sowie Tofu. Und Sushi, die kleinen Reisbällchen mit rohem Fisch oder Gemüse. |
|  | **Griechenland**<br>Es gibt Lammkoteletts, Moussaka, Gyros, Fisch, gefüllte Weinblätter und Zaziki. | **Griechenland**<br> | Was in China gegessen wird, hat wenig mit dem Essen in vielen China-Restaurants bei uns zu tun. Reis oder Nudeln sind immer dabei. Gegessen wird mit Stäbchen. |

Lernwerkstatt Viele Kulturen – nur eine Welt
Zusammenhalt stärken, Vielfalt vermitteln – Bestell-Nr. 11 631

# XII. Speisen

| | | | |
|---|---|---|---|
| **China**<br> | **Skandinavien**<br>Hier gibt es viele Fischgerichte (vor allem Lachs), das bekannte Smoerebroed, Rentier- und Elchfleisch. | **Skandinavien**<br> | In der Karibik isst man Chili, Kokos, Süßkartoffeln, Kochbananen und Okraschoten mit Fisch und Meeresfrüchten. |
| **Karibik**<br> | **Balkanländer**<br>Ob Cevapcici oder Gulasch – hier wird scharf gewürzt. Paprika und Knoblauch gehören dazu. | **Balkanländer**<br> | **USA**<br>Als typisch amerikanisch gelten bei uns Gerichte wie Spareribs, Truthahn, Burger, dicke Steaks oder American Pie. |
| **USA - Amerika**<br> | **Indien**<br>Hier zählen duftende Gewürze. Über 20 werden zu einer Würzmischung, der „Marsala“ vereint. Wir finden die indische Küche meist sehr scharf. | **Indien**<br>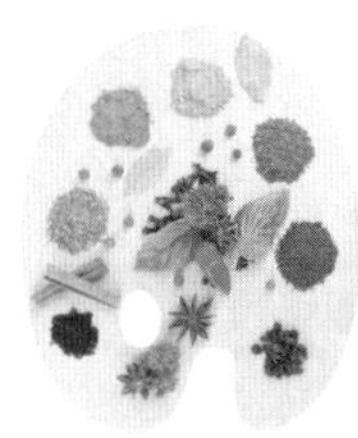 | **Spanien**<br>Paella (Reispfanne mit Gemüse, Fisch und Meeresfrüchten) dazu gibt es Taps (kleine Häppchen) und Tortilla, ein Kartoffelomelett. |
| **Spanien**<br> | **Russland**<br>Hier sind kräftige, wärmende Eintöpfe wie Borschtsch (rote Beete-Gericht) und herzhafte Teigtaschen im Programm. | **Russland**<br> | **Italien**<br>Ciabatta, Pizza und Nudeln in jeder Form (Lasagne, Tortellini...) genannt Pasta, gibt es hier. |
| **Italien**<br> | Mexiko ist die Heimat von Mais und Chili. So gibt es hier Tortillas, Fladenbrote aus Mais, und Tacos, gerollte Tortillas mit einer Füllung. | **Mexiko**<br>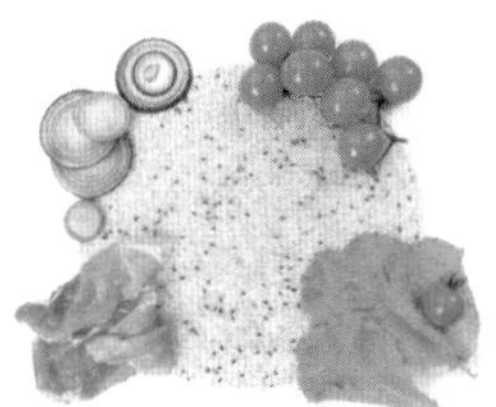 | **Ende** |

# XIII. Unsere Welt heute

EA

**Aufgabe 1:** *Setze die folgenden Worte richtig in den Text ein.*

Amerika - Kulturen - Internet - Menschen - Flugzeug - berühmter - Christoph - arbeiten - Volk - China - Kriege - Abenteuer - Indien - Mischlingskinder

Zu Beginn der menschlichen Entwicklung gab es nur wenige Menschen. Jeder Stamm, jedes __________, lebte in seinem Gebiet. Doch schon etwas später gab es Menschen, die die ganze Welt erkunden und __________ erleben wollten. Dabei war Reisen früher bedeutend schwieriger als heute.

Ein __________ Weltreisender war Marco Polo, der schon im 13. Jahrhundert von Italien nach __________ reiste. Ein weiterer war __________ Kolumbus, der im 15. Jahrhundert nach __________ segeln wollte und in __________ landete. Auch durch die vielen __________ kamen die Menschen in andere Länder und lebten mit anderen __________. So gibt es in unserer heutigen Welt nicht nur schwarze, weiße, gelbe oder rotbraune __________, sondern auch jede Art von Mischungen. Die Leute mögen das neue Land, wo sie angekommen sind. Sie bleiben da, viele __________ auch in fremden Ländern, heiraten und bekommen Kinder. Die __________ lernen wieder Menschen anderer Kulturen kennen, heiraten, bekommen Kinder .... Mit dem __________ reist heute man in einigen Stunden von einem Ende der Welt zum anderen. Auch das __________ lässt heute viele Freundschaften entstehen. So mischen sich die Kulturen und Völker.

PA

**Aufgabe 2:** *Welche Menschen haben sich hier „gemischt"? Notiere unter Vater und Mutter, wo sie herkommen könnten. (z.B. Schwarze können aus Afrika oder Amerika kommen…)*

EA

**Aufgabe 3:**

*Ende 2014 lebten in Deutschland etwa 8 Millionen Ausländer, das ist ungefähr der 10. Teil unserer Bevölkerung. Finde im Silbenrätsel 12 verschiedene Landsleute und notiere sie.*
*(<u>Tipp</u>: Zur Hilfe sind die Anfangsbuchstaben groß geschrieben.)*

ben - Bul - chen - Chi - der - ga - Grie - In - Ita - Ja - ken - Kroa - len - liener - mä - ne - nen - ner - pa - Po - ren - Ru - Rus - sen - sen - Ser - ten - Tür

Lernwerkstatt Viele Kulturen – nur eine Welt
Zusammenhalt stärken, Vielfalt vermitteln – Bestell-Nr. 11 631

# XIII. Unsere Welt heute

## Flüchtlinge und Asylbewerber

Das Wort „Flüchtling“ benutzen wir für alle Menschen, die in Deutschland Schutz vor Verfolgung suchen und nicht unerlaubt leben wollen. Die Menschen beantragen Asyl.

Flüchtlinge kommen aus Syrien, dem Irak, Afghanistan, Eritrea oder Somalia. Politisch verfolgt, vor einem Bürgerkrieg geflohen oder „nur“ auf der Suche nach einem besseren Leben, mit sauberem Wasser und ohne Hunger. Die Zahl der Flüchtlinge ist nach Angaben der Vereinten Nationen letztes Jahr weltweit auf über 50 Millionen gestiegen.

Doch es werden in den nächsten Jahren noch viel mehr Menschen aus Afrika und dem Nahen Osten kommen. Unruhen und Kriege treiben die Menschen aus Furcht vor Verfolgung wegen ihrer Rasse, Religion oder politischen Ansicht zur Flucht. Die meisten Asylbewerber kamen letztes Jahr aus Syrien.

Viele Flüchtlinge sind durch ihre furchtbaren Erlebnisse belastet, dazu finden sie hier bei uns nicht immer freundliche Aufnahme. Fast die Hälfte der Flüchtlinge waren Kinder. Sie kommen in ein fremdes Land, verstehen die Sprache nicht und haben oft auch noch ihre Eltern verloren.

**Aufgabe 4:** *Betrachtet diese vier Bilder genau. Sie zeigen arme Kinder, die es überall gibt, besonders aber in Afrika, Asien und Südamerika. Findet zu jedem Bild eine Überschrift oder eine kleine Geschichte.*

EA

**Aufgabe 5:** *Stell dir vor, du kommst alleine in einem fremden Land an. Du kennst niemanden und verstehst die Leute dort auch nicht. Wie würdest du dich fühlen? Was würdest du tun?*

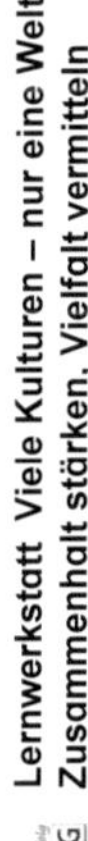
Lernwerkstatt Viele Kulturen – nur eine Welt
Zusammenhalt stärken, Vielfalt vermitteln – Bestell-Nr. 11 631
KOHL VERLAG

# XIII. Unsere Welt heute

## Gleich und verschieden

Schaut euch mal in der Klasse um: Sind alle Mitschüler gleich? Bestimmt nicht! Jeder ist anders. Manche vielleicht, weil sie sich ganz seltsam anziehen. Andere, weil sie verschiedene Meinungen und Gedanken haben. Wieder andere haben eine unterschiedliche Hautfarbe, sie sind kleiner oder größer. Menschen, die als anders gelten, gab es schon immer. Und das ist gut so, denn sie hatten die Ideen, die ungewöhnlich und neu waren.

Stellt euch vor, ihr wärt alle gleich ...

Mit 8 Jahren seid ihr alle 1,25 m groß. Ihr habt blaue Augen, blonde Haare, Nase, Mund und Ohren sind bei euch allen gleich geformt, auch Hände und Füße sind völlig gleich. Dazu tragt ihr jeden Tag eine blaue Jeans und dazu ein rotes Polohemd.

Mit 9 Jahren seid ihr alle 5 cm gewachsen. Ihr seid nun 1,30 m groß. Doch nun zieht ihr alle jeden Tag zu eurer Jeans ein gelbes Polohemd an.

Auch mit 10 Jahren seht ihr alle gleich aus: 1,40 m groß, blaue Augen, blonde Haare. Da ihr ja alle den gleichen Geschmack habt, tragt ihr auch alle die gleiche Frisur – doch dieses Jahr steht ihr auf grünen Polohemden.

Da ihr auch alle die gleichen Gedanken habt, schreibt ihr den gleichen Aufsatz, löst jede Mathe-Aufgabe gleich schnell. Jedes Fußballspiel geht unentschieden aus. Ihr lauft gleich schnell, werft gleich weit und springt gleich hoch. Ihr habt auch keinen besten Freund oder keine beste Freundin. Es ist ja völlig egal, mit wem man spielt oder redet, denn es sind ja alle gleich und haben auch die gleiche Meinung und die gleichen Vorlieben.

**Aufgabe 6:**

**a)** *Wie wäre das, wenn ihr alle gleich wärt? Würde euch das gefallen? Oder wäre es doch furchtbar langweilig? Findet Vor- und Nachteile.*

**b)** *Wie geht man mit „anderen" Menschen um? Sprecht über verschiedene Möglichkeiten:*

- ihr haltet euch von ihnen fern
- ihr redet mit ihnen, weil es euch interessiert, wie sie leben
- ihr mögt keine fremden Menschen

# XIII. Unsere Welt heute

**Aufgabe 7:** *Dieser Text kann einfach vorgelesen werden, mit verteilten Rollen gelesen werden oder auch als Rollenspiel durchgeführt werden. Beim Rollenspiel braucht man das Multi-Kulti-Kind und jeweils eine Kindergruppe aus Europa, Afrika, Asien, Amerika, Australien und dem Traumland.*

## Das Multi-Kulti-Kind

Wo es genau herkam, wusste das Kind nicht. Es lebte irgendwo in Europa. Aber es sah schon ein wenig anders aus als die anderen Kinder: Das Gesicht war gelb, die Haare schwarz und kraus, die Arme weiß und die Beine rotbraun. In Europa fand das Kind keine Freunde. Alle schauten es nur ablehnend an und wandten sich von ihm ab.

Das Kind kam nach **Afrika**.

Die Kinder dort sagten: „Deine Haare sind genauso kraus und schwarz wie unsere. Aber wir haben keine weißen Arme, keine rotbraunen Beine und schon gar kein gelbes Gesicht! Du gehörst nicht zu uns!“ Das Kind war traurig. Wohin könnte es denn wohl gehören?

Es zog weiter nach **Asien**.

Die Kinder dort meinten: „Ja, dein Gesicht kennen wir. Aber den Rest? Haare, Arme, Beine? Nein, hau ab, du bist hier am falschen Ort!“ Das Kind war enttäuscht und betrübt.

Es erreichte **Amerika**.

Dort lachten die Kinder: „Hi! Wie siehst du denn aus? Du hast ja Indianer-Beine! Aber der Rest von dir passt überhaupt nicht zu uns!“ Die Kinder lachten immer lauter.

Das Kind hatte keine Lust, sich weiter auslachen zu lassen. Neben seinem Kummer empfand es aber auch ein wenig Zorn und Ärger. Es war doch nicht weniger wert als die anderen Kinder, nur weil es anders aussah! Es verschwand enttäuscht.

Es machte sich auf nach **Australien**.

Die Kinder dort betrachteten es neugierig, doch niemand sprach mit ihm. „Hallo,“ sagte es. Aber keiner antwortete ihm. Das bunte Kind fühlte sich erschöpft und mutlos. Warum wollte es niemand gern haben?

Schließlich und endlich gelangte das Kind ins Traumland. Dort hatten einige Kinder blaue Haare, ein oranges Gesicht, grüne Arme und lila Beine. Andere hatten rosa Haare, ein braunes Gesicht, blaue Beine und gelbe Arme. Das Kind rieb sich die Augen. Wo war es denn nun gelandet?

Doch die Kinder lächelten fröhlich und fragten: „Wo kommst du denn her? Erzähle uns von deiner Heimat!“ „Ach,“ seufzte das Multi-Kulti-Kind bedrückt, „ich habe keine Heimat. Und überall, wo ich bis jetzt war, wollte man mich nicht haben, weil ich so anders aussehe.“ Die Kinder im Traumland strahlten das fremde Kind an. „Wir mögen gerne etwas anderes, neues kennen lernen. Du siehst lieb aus!“

Auf dem Gesicht es Multi-Kulti-Kindes erschien ein genauso fröhliches Lächeln wie auf den Gesichtern der Traumland-Kinder. Lächeln ist so einfach!



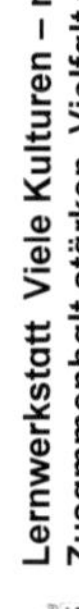

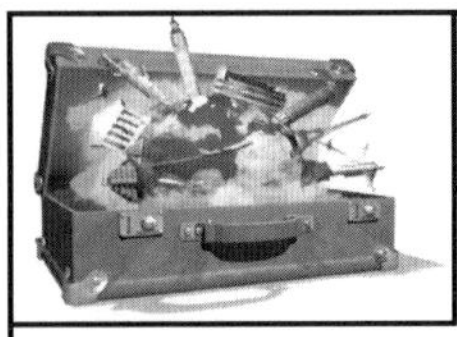

# XIII. Unsere Welt heute

EA

**Aufgabe 8:**

**a)** *Male das Multi-Kulti-Kind mit den richtigen Farben an.*

**b)** *Wie sehen die Traumland-Kinder aus? Male auch sie bunt an.*

**c)** *Beschreibe, wie sich das Multi-Kulti-Kind fühlt, als es überall abgelehnt wird.*

**d)** *Wie hätten sich die Kinder in Europa, Afrika, Asien, Amerika und Australien besser verhalten?*

**e)** *Was machst du, wenn du fremde, „andere“ Menschen triffst?*

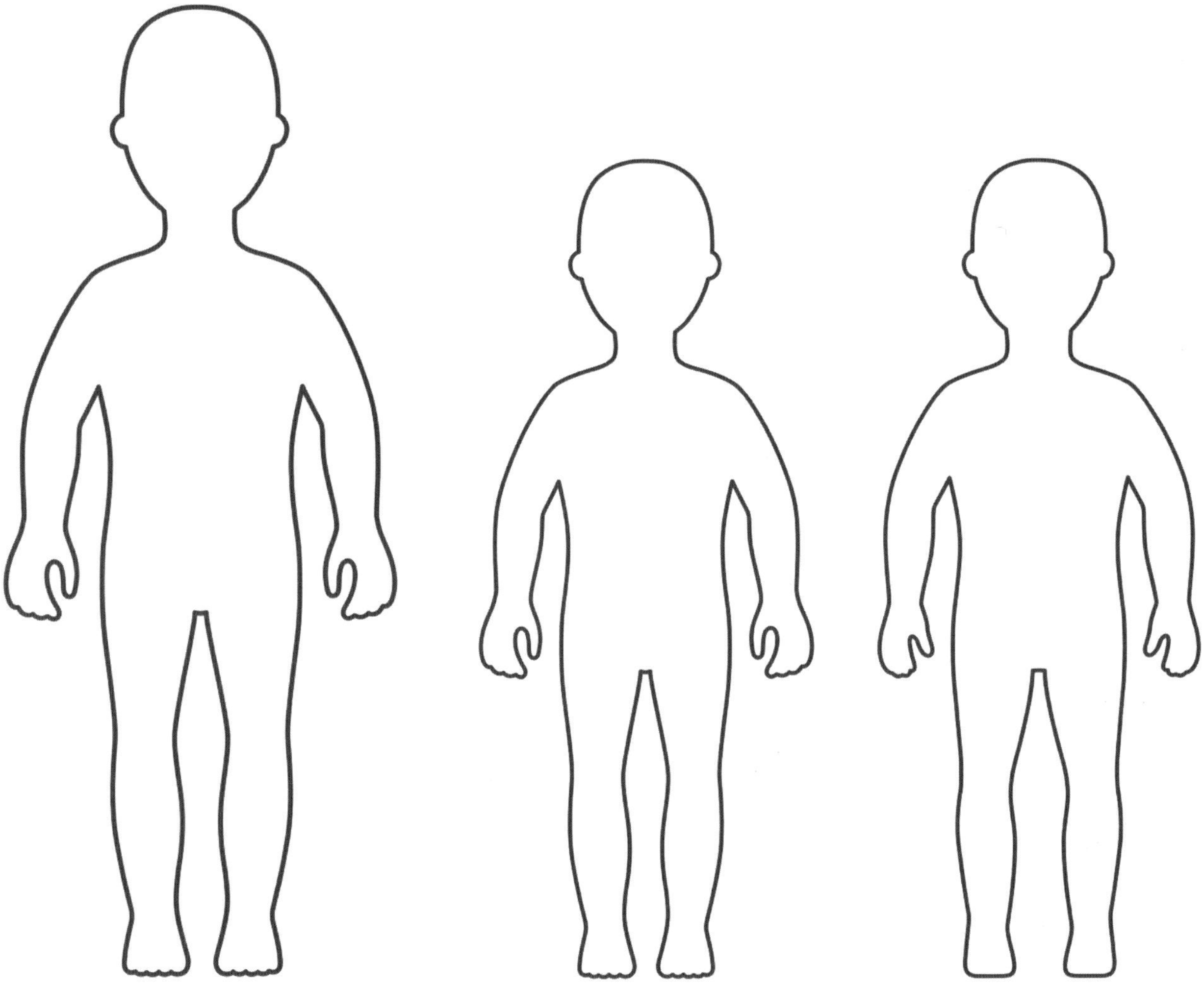

**Frage:**

Was könnte das Bild euch sagen? Diskutiert in der Gruppe!

Lernwerkstatt Viele Kulturen – nur eine Welt
Zusammenhalt stärken, Vielfalt vermitteln – Bestell-Nr. 11 631

# XIV. Lösungen

## I. Kultur – was ist das eigentlich?

**Aufgabe 1:** a) siehe rechts

Nahrung
Völker
Feste
Kleidung
Lebensweise
Kunst
Schrift
Sprache
Länder
Religionen
Musik
Wissenschaft
Sitten und Bräuche

## II. Entstehung der Menschheit

**Aufgabe 1:**

1. Australopithecus
2. Homo habilis
3. Homo erectus
4. Homo sapiens (Neandertaler)
5. Homo sapiens sapiens (Jetztmensch)

**Aufgabe 2:**

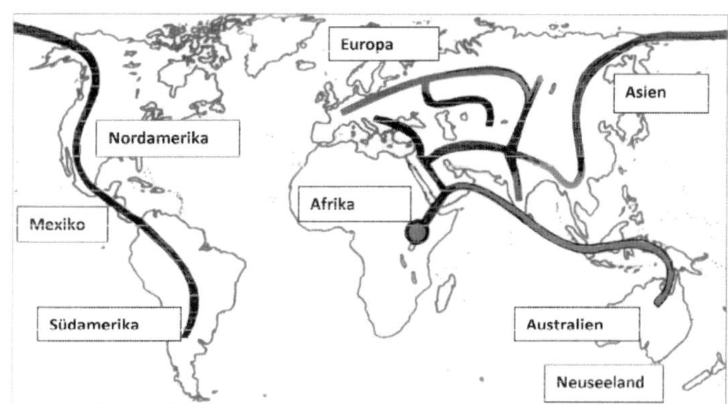


**Aufgabe 3:**

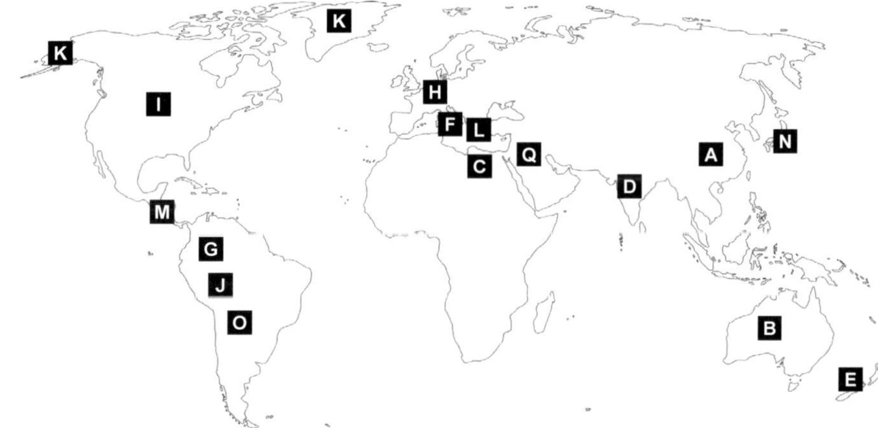


**Aufgabe 4:** Individuelle Lösungen.

**Aufgabe 5:** Individuelle Lösungen.

**Aufgabe 6:**

| Ä | R | C | H | I | N | E | S | E | N | Z | A |
|---|---|---|---|---|---|---|---|---|---|---|---|
| G | F | O | Z | N | R | U | S | S | E | N | R |
| Y | U | I | N | D | I | O | S | D | U | T | A |
| P | E | S | K | I | M | O | S | B | E | Ü | B |
| T | B | L | J | A | P | A | N | E | R | R | E |
| E | E | Ä | H | N | W | U | R | T | I | K | R |
| R | R | S | M | E | X | I | K | A | N | E | R |
| A | T | I | G | R | I | E | C | H | E | N | K |

**Aufgabe 7:** Rassismus besteht aus Handlungen, Reden oder Einstellungen, die Menschen aufgrund ihrer Hautfarbe, Kultur oder ethnischen Herkunft bevorzugen oder benachteiligen. Wer den Menschen nicht nach Persönlichkeit bewertet sondern sich seine Meinung nach Aussehen – besonders oft nach Hautfarbe oder Religion – bildet, ist rassistisch.

Lernwerkstatt Viele Kulturen – nur eine Welt
Zusammenhalt stärken, Vielfalt vermitteln – Bestell-Nr. 11 631
KOHL VERLAG

# XIV. Lösungen

**Aufgabe 8:**

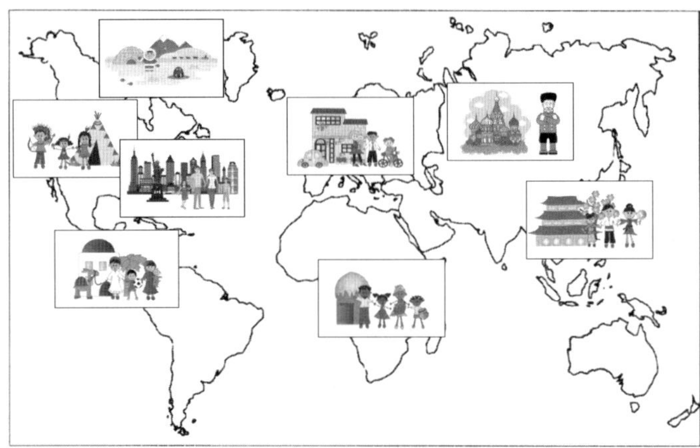

## III. Kulturen in Asien

**Aufgabe 1:**

<u>China</u>: älteste Kultur, Pandabären, chinesische Mauer, Porzellan, Seide Papier, Buchdruck, Reis und Stäbchen, Pagoden, Kampfsport

<u>Indien</u>: Kastensystem, Priester, Krieger, Bauern und Händler, Arbeiter, Dhoti und Kurta, Sari und Bindi, Kühe sind heilig, Bad im Ganges reinigt von Sünden, Grabmal Tadsch Mahal

<u>Japan</u>: Land der aufgehenden Sonne, Geishas, Teezeremonie, Ikebana, Manga-Figuren, Sumoringer, Vulkan Fuji, Kimono und Obi

**Aufgabe 2:** Individuelle Lösungen.

**Aufgabe 5:** **a)** China; **b)** Chinesen; **c)** Indien; **d)** Japan; **e)** Japan; **f)** Indien; **g)** Ikebana; **h)** Japan
<u>Lösungswort</u>: OSTASIEN

**Aufgabe 6:** **1** = Sari und Bindi; **2** = Ikebana (Blumenkunst); **3** = der Vulkan auf der großen Insel; **4** = die längste Mauer der Welt; **5** = wertvolles Porzellan; **6** = das weltbekannte Grabmal
<u>Diese Bilder gehören zusammen</u>: 1 und 6, 2 und 3, 4 und 5

## IV. Kulturen in Amerika

**Aufgabe 1:**

**a)** Die Maya lebten zwischen 400 und 900 nach Christus. Heute gibt es nur noch wenige von ihnen.
**b)** Sie hatten schon große Städte, in denen sie lebten, dazu eine Schrift und einen Kalender.

**Aufgabe 2:** siehe Tabelle rechts

| H | Hochkultur |
|---|---|
| U | Ureinwohner |
| I | Indios, Inti |
| T | Tempel, Tikal |
| Z | Zeit |
| I | Insel |
| L | Legende |
| O | Ochse |
| P | Pyramiden |
| O | Orte |
| CH | Chichen Itza |
| T | Texcoco-See |
| L | Landbrücke |
| I | Inka |

**Aufgabe 3:**

**a)** Die Inkas bauten in den Anden ein langes Straßennetz mit Brücken.

**c)**

**Aufgabe 4:**

**a)** Der Pinguin lebt nicht am Nordpol.
**b)** Ruderboot; Handschuhe; Angel; Fischfänger; Eisberge; Iglu; Wal; Rentier; Huski (Schlittenhund); Seehund; Eisbär

# XIV. Lösungen

**Aufgabe 5:**

**a)** Naka stampft den Umriss für seine Iglu in den Schnee. Dann gräbt er den Eingang und legt erste Schneeblöcke bereit. Dann baut er die Wände auf wie eine Kuppel. Zum Schluss muss er das Dach schließen. Er baut noch einen Schutz für den Eingang.
**b)** Lösungswort: **SCHNEE**

**Aufgabe 6:**

| | | | | | | | | | | |
|---|---|---|---|---|---|---|---|---|---|---|
| N | I | D | I | A | P | G | E | R | K | W |
| L | A | G | E | R | F | E | U | E | R | A |
| K | A | M | I | O | E | V | E | N | I | F |
| R | J | Ä | G | E | R | D | E | W | E | F |
| E | S | S | P | U | D | T | Ü | I | G | E |
| S | B | Ü | F | F | E | L | H | G | E | N |
| E | O | B | E | E | R | E | N | W | R | I |
| R | G | C | I | E | R | T | S | A | L | A |
| V | E | H | L | T | O | T | E | M | P | S |
| A | N | E | I | S | E | N | B | A | H | N |
| T | O | T | E | M | P | F | A | H | L | G |

## V. Afrika – der ursprünglichste Kontinent

**Aufgabe 1:**

**a)** Nomaden sind Menschen ohne festen Wohnsitz.
**b)** Sie ziehen mit Schafen, Ziegen, Eseln, Kamelen und Pferden umher.
**c)** Pygmäen sind kleinwüchsige Menschen, die im Regenwald in Afrika leben.
**d)** Voodoo ist eine ursprünglich westafrikanische Religion.
**e)** Individuelle Lösungen.

**Aufgabe 2:** Individuelle Lösungen.

**Aufgabe 3:**

**a)** Die Kalahari ist eine Wüste im Süden Afrikas, in der Gräser und Akazienbäume wachsen. Akazien können mit ihren langen Wurzeln Wasser tief aus der Erde aufnehmen. Der größte Teil der Wüste liegt in Botswana und Namibia. Die größten Orte in der Kalahari haben ein paar tausend Einwohner.
**b)** Die Männer gingen jagen und holten das nötige Wasser herbei. Die Frauen sammelten Beeren, Früchte und Wurzeln und fingen Fische.
**c)** Sie bauten ihre Hütten aus Zweigen, Blättern und Gras.
**d)** Eine Hierarchie ist eine Rangordnung.

**Aufgabe 4:** Individuelle Lösungen.

**Aufgabe 5:** Die San-Lehrer würden z.B. Tierspuren erklären und über das Leben der Tiere berichten. Sie beschreiben Pflanzen und deren Heilkräfte. Sie zeigen, wie man Hütten baut, wie gefischt wird, und vor allem – wie man das alles tut, ohne die Umwelt zu schädigen.

**Aufgabe 6:**

**a)** Monolith bedeutet so viel wie „Stein aus einem Stück". Allgemein bezeichnet man Objekte, die aus einem Stück bestehen, als monolithisch.
**b)** Die UNESCO (deutsch: Organisation der Vereinten Nationen für Bildung, Wissenschaft und Kultur) vergibt den Titel Welterbe (Weltkulturerbe, Weltnaturerbe) an Orte oder Gebiete, die geschichtlich wichtig, einzigartig und weltbedeutend sind.
**c)** Der Aachener Dom, die Hansestadt Lübeck, der Kölner Dom, die Zeche Zollverein in Essen und die Pfahlbauten im Alpenvorland gehören zum UNESCO Welterbe.

## VI. Juden – Israel

**Aufgabe 1:** In dieser Reihenfolge: Kippa, Peles, schwarzen Hut, Tallit, Gebetsmantel

**Aufgabe 2:** Zusammengehörende Paare: 1 - D; 2 - A; 3 - C; 4 - B; 5 - F; 6 - E; 7 - G

# XVI. Lösungen

## VII. Hochkulturen rund ums Mittelmeer

**Aufgabe 1:** Eine Hochkultur ist ein Volk oder eine Gruppe von Völkern im Altertum. Eine Hochkultur zeichnet sich dadurch aus, dass sie für ihre Zeit sehr fortschrittlich ist. Sie muss bestimmte Bedingungen erfüllen. Typisch für eine Hochkultur sind eine gemeinsame Schrift, Religion und Kultur. Frühe Hochkulturen gab es z.B. in Ägypten, Mittelamerika und China.

**Aufgabe 2:**

1 = In der Landwirtschaft wurden die Felder bewässert.
2 = Die Menschen legten sich Vorräte der Ernte an.
3 = Es wurde Handel getrieben.
4 = Städte waren der Mittelpunkt der Verwaltung.
5 = Es gab verschiedene Berufe wie Fischer, Bauer und Soldat.
6 = Die Menschen hatten eine gemeinsame Schrift.
7 = Wissenschaften wurden erforscht.
8 = Die Völker schufen etwas in Kunst, Musik und Architektur.
9 = Man hatte einen gemeinsamen Kalender.

**Aufgabe 3:** Von links nach rechts: Computer, Schrift, Telefon, Musik, Fernsehen, Kunst, Kalender, Städte, Berufe, Handy

Dies gab es: Städte, Schrift, Musik, Kalender, Kunst, Berufe
Dies gab es nicht: Telefon, Computer, Fernsehen, Handy

**Aufgabe 4:** siehe rechts

**Aufgabe 5:**

**Aufgabe 6:** Individuelle Lösungen.

**Aufgabe 7:**

**a)** Tutanchamun wurde berühmt durch sein Grab, das mit zahlreichen kostbaren Utensilien – unter anderem mit der weltberühmten Totenmaske Tutanchamuns – bestückt war. Der Forscher und Wissenschaftler Howart Carter stieß im Jahr 1922 auf das nahezu unversehrte Grab.

**b)** Ursprünglich sollte eine Totenmaske Dämonen und böse Geister abwehren. Die Ägypter fertigen Totenmasken an, damit die Seele des Verstorbenen den alten Körper wiedererkennen könne.

**Aufgabe 9:** Archimedes – Technik, Aristoteles – Erde und Weltall, Platon – Philosoph, Pythagoras – Mathematik, Sokrates – Philosoph

**Aufgabe 10:**

Monarchie: Es regiert eine einzelne Person, z.B. ein König oder eine Königin oder ein Kaiser. Der Titel wird meist vererbt.

Demokratie: Das Volk, also alle Bürger, wählen ihre Oberhäupter.

**Aufgabe 11:**

**a)** Eine parlamentarische Monarchie hat König oder Königin überwiegend für repräsentative Aufgaben. In einer absoluten Monarchie haben König oder Königin das Sagen.

**b)** Eine parlamentarische Monarchie finden wir in England, Schweden, Niederlande, Dänemark. Eine absolute Monarchie gibt es in Saudi-Arabien und Swasiland.

**Aufgabe 12:** Farben der Ringe von links nach rechts: blau, gelb, schwarz, grün, rot

# XVI. Lösungen

**Aufgabe 13:**

a) Ringen und Laufen waren Disziplinen im alten Griechenland.
b) Heute gibt es Weitsprung, Hochsprung, Diskuswerfen, Reiten, Radfahren, Hürdenlauf, Eisschnelllauf, Skilaufen, Bobfahren, Handball, Eiskunstlauf, Fußball ...

**Aufgabe 14:**

| | |
|---|---|
| **Zeus** | *Göttervater, höchster Gott* |
| **Hera** | *Göttin der Ehe, Gemahlin des Zeus* |
| **Poseidon** | *Gott des Meeres* |
| **Athene** | *Göttin der Weisheit* |
| **Aphrodite** | *Göttin der Liebe und der Schönheit* |
| **Demeter** | *Göttin für Fruchtbarkeit und Ackerbau* |
| **Hermes** | *Götterbote, Beschützer der Reisenden* |
| **Apollo** | *Gott des Lichts, der Wahrheit, der Dichtkunst* |
| **Hades** | *Gott der Unterwelt* |

**Aufgabe 15:**

Galilei gehört zu den Himmelskörpern, da Vinci malte die Mona Lisa und Michelangelo gestaltete die Decke der Sixtinischen Kapelle.

**Aufgabe 16:**

a) 587 - D L XXX V II; 2015 - MM XV
b) I. XXVI = 26; XIX = 19; MMX = 2010
II. MDCXI = 1611; CCCXXII = 322; DCCLXXXVII = 787

**Aufgabe 17:**

Von der Quelle zur Mündung der Reihe nach: Worms, Mainz, Koblenz, Bonn, Köln, Neuss, Xanten

## VIII. Osmanen und Germanen

**Aufgabe 1:**

Das osmanische Reich erstreckte sich über Teile Asiens, Afrikas und Europas.

**Aufgabe 2:**

Sultan oder Sultanah heißt aus dem Arabischen übersetzt, Herrschaft oder Herrscher. Bei dem Begriff Sultan handelt es sich um einen islamischen Herrschertitel. Benutzt wurde er ab dem 10. Jahrhundert z.B. in Indien und dem Osmanischen Reich.

**Aufgabe 3:**

Unterschiede sind z.B., dass viele Türken keinen Alkohol trinken, fast alle Türken kein Schweinefleisch essen, dass manche Frauen ein Kopftuch tragen.

**Aufgabe 4:**

Donar war der Gott des Donners, der Bauern und des Landes. Er ist für den Donnerstag zuständig, Freyja, der Göttin der Fruchtbarkeit und Liebe gibt dem Freitag ihren Namen. Der Dienstag wurde nach dem Kriegsgott Ziu genannt.

**Aufgabe 6:**

siehe rechts

## IX. Die Weltreligionen

**Aufgabe 1:**

Monotheismus finden wir im Christentum, Judentum und im Islam. Polytheismus finden wir z.B. bei Naturreligionen.

**Aufgabe 2:**

Christentum = Bibel
Judentum = Thora und Talmud
Islam = Koran
Hinduismus = Veden
Buddhismus = Pali-Kanon

**Aufgabe 3:**

Von links nach rechts:
Christen, Juden, Moslem, Hindus, Buddhisten

**Aufgabe 4:**

a) Tempel - Buddhismus; b) Moschee - Islam; c) Hindu-Tempel - Hinduismus;
d) Dom/Kirche - Christentum; e) Synagoge - Judentum

Lernwerkstatt Viele Kulturen – nur eine Welt
Zusammenhalt stärken, Vielfalt vermitteln – Bestell-Nr. 11 631
KOHL VERLAG

# XVI. Lösungen

## XI. Bräuche und Feste

**Aufgabe 2:**

**a)** In Amerika, Australien und England gibt es meist zu Weihnachten ein Truthahnessen.
**b)** In Schweden bekommen die kleinen Geister Milchbrei. Die Familie befürchtet Unglück, wenn sie sich nicht für die Hilfe bedankt.
**c)** In Australien ist es Weihnachten so heiß, dass der Weihnachtsmann eine Badehose trägt.
**d)** Der Plumpudding kommt aus England.
**e)** Der Mistelzweig ist ein Zeichen für den Frieden. Stehst du unter einem Mistelzweig, darf dich jemand anderes küssen. Du darfst dich nicht wehren! So sagt ein alter Brauch.
**f)** Der Julbock gehört zu Schweden (Skandinavien). Er trägt die Geschenke und bewacht sie auch.
**g)** Wachskerzen würden in Australien ganz schnell schmelzen.
**h)** Das X steht für den ersten Buchstaben des griechischen Wortes für Christus.
**I)**

| Land | Christkind/Weihnachtsmann |
|---|---|
| Deutschland | Christkind |
| England | Father Christmas |
| Schweden | Tomte |
| Amerika | Santa Claus |
| Australien | Santa Claus |
| Italien | Pere Noel |

## XIII. Unsere Welt heute

**Aufgabe 1:** In dieser Reihenfolge: Volk, Abenteuer, berühmter, China, Christoph, Indien, Amerika, Kriege, Kulturen, Menschen, arbeiten, Mischlingskinder, Flugzeug, Internet

**Aufgabe 2:** Individuelle Antworten.

**Aufgabe 3:** Bei uns leben u.a. Türken, Polen, Italiener, Rumänen, Griechen, Kroaten, Russen, Serben, Bulgaren, Chinesen, Japaner, Inder

**Aufgabe 4:** Individuelle Lösungen.

**Aufgabe 5:** Individuelle Lösungen.

**Aufgabe 6:** Individuelle Lösungen.

**Aufgabe 8:** Individuelle Lösungen.